しゃぼん玉のいのち

水野 靖枝

Yasue Mizuno

風詠社

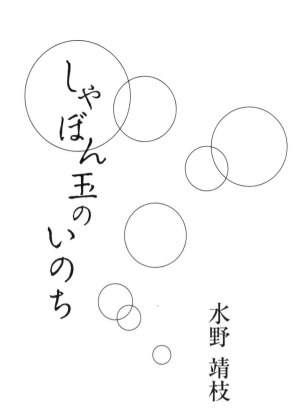

表紙絵　青木 順子　青木 麻美
挿絵　宗次 奈巳
校正　矢野 三千子　木村 弘子

はじめに

この本を手に取っていただき、ありがとうございます。

私は三十八年間、滋賀県の中学校で保健体育の教諭、少年センターでの勤務を経て管理職を務め、数えきれないほどのかけがえのない出会いと、多くの方の支えをいただき、四年前に定年退職しました。十分でなかったことも多々あったかとは思いますが、一人ひとりの生徒に自分の道をみつけてほしいと、共に悩んだり、感動したり、ボールを追いかけたり・・・・・。揺れ動きながらも大人の階段を上ろうとしている中学生と一緒にいられることに喜びや生きがいを感じ、中学教育に取り組んできました。

その後、四年間、嘱託園長として、就学前教育に携わる機会を得、この三月三十一日をもって退職しました。中学校にいたときは、中学校こそ大事な時期だと思ってきましたが、幼い子どもたち、先生方、保護者の方、関係機関や地域の方からたくさんのことを学び、就学前教育の大切さも痛感しました。そして、人間は『いつ』や『どこ』が大事なのでなく、『いま』『ここ』が大事であると気付くことができました。どんなに愛おしい時間や場所であっても、人はずっと同じ時、同じ場にはいられません。だからこそ、自分にとっての今を大事にすることは何をすることなのだろうかと、自分に問いかけました。

子どもたちや保護者の方に発行してきた通信や、小さい頃から書いてきた詩をまとめたい、何かを残したいという思いは、心のどこかにありました。しかし、実際どうしてよいのかもわからず、本づくりの一歩を踏み出すまでには至りませんでした。

仕事を終え、今までを振り返りますと、ここまで自分なりに歩くことができたのは、まぎれもなく、かけがえのない一人ひとりとの出会い、ひとつひとつとの出会いがあったからです。あふれる感謝を言葉にして、少しでも伝えることできるならとの思いが、真っ白なページに向かう一歩となりました。

私がこれまで中学生の生徒にも幼稚園の子どもたちにも保護者の方にも、伝え続けてきたことはただひとつ、『かけがえのない命と心を大切にしてほしい』このことに尽きます。たったひとつの大切な命が、悲惨な事件や事故で、また自らの意志で奪われることが無念でなりません。共に生きることの喜びを実感できる世の中を、なくしてはならないはずです。ささやかな一冊ですが、少しでもそんな想いを伝えることができれば・・・・。

「『一人』がいて『二人』が出会う。『ひとつ』があるから『ふたつ』に続く。だからかけがえのない『ひとりひとり』、小さな『ひとつひとつ』を大事にしたい」そのような気持ちから、各章のタイトルは「ひとり」「ひとつ」にこだわりました。
具体的な内容は次のとおりです。

第一章　ひとつひとつを大切に　次に届けて
（かけがえのない出会いから伝えたいこと）
第二章　ひとしずく　ゆらりゆらり　心潤いて
（幼稚園の子どもたちとのエピソード）
第三章　ひと呼吸　だいじょうぶ　この子みつめて
（子育て奮闘中の保護者への方の小さなメッセージ）
第四章　ひとすじの光　明日に向かい　今を輝いて
（中学校の君との出会いから）
第五章　ひとりひとりの君の心に　よりそいて
（自分を振り返り、先生たちへのエール）
第六章　ひとひらの心に　命つなげて
（家族や自分をみつめ、今思うこと）

どの章にも通じるものが、いくつでもあります。

どこにでもある光景を、小さな言葉でつなぎました。百一首の自己流短歌と、絵本のようにその情景を描いていただければと思いを綴りました。

仕事終え　小さな一歩　本づくり
命と心　君に伝えん

目次

第一章

ひとつひとつを大切に　次に届けて

～この出会いに想いがあふれて～

しゃぼん玉

空に向かいて
命の重さ

語り継ぐ
人のつながり

しゃぼん玉

しゃぼん玉の命はあっという間。どんなに大きく膨らんでも、屋根まで飛んでもやっぱりつかの間。こわれてすぐになくなってしまう。人の命も、長い歴史や広い宇宙から見れば、しゃぼん玉の命のように短くて小さいかもしれない。それでも、しゃぼん玉は風に乗り、空に向かって飛んでいこうとしている。私もそんなふうに生きていきたい。消えていった大事な命。やがては消える自分の命。だけど、形が消えてもなくならない何かは残っていく。人は、出会いの中で《命》や《心》をつなぎ伝えていっている。

人の心は、しゃぼん玉がこわれた後のように、目には見えない。それでも、つながり合い、伝え合っていく中で、きっと何かを残していくはずだ。誰もが生きていることの意味は必ずある。さあ、今日も自分の空に向かって飛んでいこう。

そして、『かけがえのない命と心を大切にしてほしい』、少しでもこの思いを自分の言葉で伝えていくことができたなら・・・・。

立春に　粉雪舞いて　名ばかりと
去りゆく冬が　心残して

心を残して

少し穏やかな冬の寒さだったのに、暦の上で立春と呼ばれた矢先、粉雪が舞うことがある。去りゆく冬が「私を忘れないで」と、心を残しているように思う。このように立春には冬が、立冬には秋が、立秋には夏が、立夏には春が・・・・。季節が変わる頃に先に行った季節が心を残していく。「そんなに心を残さなくても忘れることはないからね」と、私は伝えたい。

《去る者は日々に疎し》というが、そうでない人との出会いや別れは必ずあるはずだ。四季のようにまた巡り巡って、再び出会えることを心ひそかに願っている。確かに、同じ時間は戻らない。同じように出会うことはない。だけど、私は忘れない。忘れたくない。《人間は出逢うべき人には必ず出逢える。一瞬遅からず一瞬早からず》この言葉のように、この出会いがあったからこそ今の私がある。別れが訪れてもこれは別れではない。互いにどこかで思い合っていれば、心の中で出会うことができる。私は忘れない。過ぎていった季節も、大切な出会いも、あの思い出も・・・・。忘れたくない。

荒波で　オール握るは　自分の手
その手の内に　覚悟と責任

覚悟と責任

大海原に一隻の船。穏やかな波でゆっくりと一番星を探しているときは、オールを握る手を少し緩めてもよい。疲れているときは、少し休憩して、オールを誰かの手にゆだねてもよい。しかし、荒波の中でその進路を見定めなければならないとき、ここが勝負というとき、オールを握るのは自分の手である。みんなに力を貸してもらったり、アドバイスをもらったりしながらも最後は自分が決めなければならない。なぜなら自分が船出した、自分の航海だから。そしてそこには《覚悟と責任》が必要である。

ましてやその船に何人もの人が乗り、自分が船長なら、一層の《覚悟と責任》をもって決断しなければならない。誰かに任せて《責任》を転嫁してはならないし、自分の中に言い訳という逃げ道を作ってはならない。人に任せ、言い訳を考えた時点で《覚悟》ができていない。《責任》が果たせていない。強いからではない。弱いから《覚悟》を決めるのである。船長が不安な顔をしていたら周りは震える一方、船はゆらぐ一方である。どんと構える。さあ、オールを自分の手に。

変われるが　代わりはいない　命ひとつ
心変われど　我唯ひとり

我唯一人

人間には《変わる力》《変える力》がある。意識しなくても人は良くも悪くも、変わっていっている。例えば、顔だって髪だって少しずつ変わっていっている。また、出会いひとつで考え方が変わることもある。《人は変えられないけど自分は変えられる、過去は変えられないけど未来は変えられる》というが、もしかしたら人を変えたり、過去を変えたりすることもできるかもしれない。自分が誰かの存在で変わったように、誰かを変えているかもしれない。さらに、今が良くなってくると『あの苦しかった過去も、自分には必要だった、あの日があったから今がある』と、しんどかった過去までをも自分の中で認めたり、許したりできることもある。

でも、《代わる力》はない。誰にも自分の代わりをしてもらうことはできない。人はそれぞれ唯一無二の存在である。夫を亡くして、夫の分までと思っても、子どもにとっての父親の代わりはできない。お兄ちゃんの代わりもお母さんの代わりもできない。自分は自分、よい意味で開き直ることも大事である。そんな自分で不足ならば、自分の代わりはいないが、自分なりに変わっていけばいい。それぞれ人は唯一の存在である。

どうしよう　何もできない　もうだめだ

己に勝つには　己に「喝！」を

心の万歩計

『こんなはずじゃなかった』『こんなことになるなんて』そんなふうに思ったことは何度もある。自分が考えていたようにいかないことなんて山ほどある。人生は選択・決断の連続だというのはわかる。後悔はしたくないと思って、その時に一生懸命自分の中で出した結論だったとしても、やっぱり結果が思っていたようにいかないと、安易に出してしまった結論だったのだろうかと思うものだ。そしてますます深みに入り込み、何もかも投げ出したくなるが、何とかしなければと思い、あせればあせるほど前が全く見えない。全てのやる気が失せて、何もしない時間だけが過ぎていく。這い上がれない、切り替えられない。そんな自分がたまらなく嫌だ。ああ、このままではだめだ。どうしたらいいのだ。

答えは誰もくれない。たとえ誰かが答えてくれても、それはその人の答えにしか過ぎない。この自分に勝つには、やはり己の心に喝を入れるほかはない。自分の心が動かなければ、自分の行動は変えられない。どんな喝を入れたら自分の心が前向きに動くのだろうか。そうだ、喝を《心の万歩計》に変えてポケットに入れてみよう。前に進む歩数が自分の目で見えたなら、少しずつでも前に進める気がする。一歩、二歩・・・少し心が動いた。

かざらない　大事な人の　ひと言は

想いが見えて　心に届く

ひと言

「もう少しだよ。今を頑張りきるのだ」「もういいよ、これ以上頑張らなくても」「ここで、泣いたらだめだ。今は我慢するときだ」「もういいよ。我慢しなくても泣きたいときは泣いたらいいよ」「ずっとそばにいるからね」「今は少し離れるからね」「あきらめたらあかん」「あきらめることも大事」。それぞれが相反する言葉なのに、相反していない想いが伝わってくる。きっとどちらもが、自分のことを想ってくれていてのかざらない言葉だから心に届く。

　また、同じ言葉であっても、誰から発せられた言葉かによってその言葉の重さが変わる。自分にとって大切な人からの言葉だとなお心に届く。言葉はやはり生きている。たったひと言で救われることもあれば、たったひと言で立ち上がれなくなるほど傷つくこともある。緑の木々は光と水を浴びて育つ。人は光となる明日に向かえる言葉と、水となる心を潤す言葉で育まれているのだろう。そして、何より互いを思い合う中での言葉だからこそ、互いを育み支える力となる。心があってこそ言葉は生きることができる。

真実を　見極めること　難しい
一側面が　全面となり

真実

ひとつのことが起こると、どこのチャンネルをひねっても同じ内容ばかり。携帯を開いても同じことばかりで溢れている。これがほんとうのことなのか、一側面なのか全面なのかも見極めにくくなる。そのことは、まるで《一点突破全面展開》を逆走しているかのように、全てを覆い、真実の一点を見にくくしていることがある。

例えば、中学校の働き方改革の一番は部活動の軽減みたいに報道されている。部活動が教職員の大きな負担になっていると、負担と思っている人の声ばかりが大きくなっているように思う。負担と感じている人もいるが、そうとは思っていない教職員も多いことがどこかへ行ってしまっている。また、何かあると、誰々が悪いとその人への非難の声ばかりが強くなる。誰々でなく、その人の行動が間違っていたはずなのに。その人を完全否定するより、その行動について考えることで、過ちが繰り返されないようになるのではないだろうか。思い込みや追い込みが違う不幸を生み、真実を遠くにしてしまう。小さな噂話から過熱する報道まで、自分のまわりに広がっている。何が真実なのか。大きな渦にのまれることなく、大きな声にのまれることなく、真実を見極めようとする力をもちたい。

さりげない　いつものことが　心貯金
いつの間にか　ふるさとになり

心貯金

職員室で同僚と昼食をとるとき、誰かが見ているわけではないのに、必ず手を合わせて「いただきます」をしてからお箸をとっている人がいる。やっている人にはあたりまえのことなのだと思う。なんだか、家庭のぬくもりみたいなものが伝わってくる。

信号機のない横断歩道、横断を待つ人の姿を見て、車を停止させる。それこそあたりまえのことなのに、横切りながら何度も頭を下げてくれる。なんだか、あったかい気持ちになれる。

毎朝、同じ場所に立ち、子どもたちに「行ってらっしゃい」と声をかけてくれる地域の方。子どもたちも元気に答える、「行ってきます」と。なんだか、心のつながりを感じる。

さりげない動作や言葉を重ねていくと、あたりまえになり、その人のものとなり、その人をつくり、人と人をつないでいく。そんな日常は、心貯金をしているようだ。心貯金はやがて大きな力となっていく。その人の居場所や帰る場所をつくっていく。大事な心のふるさとをつくっていく。心貯金は少しずつ少しずつ貯まっていくものである。

何もかも　オセロのように　わりきれず
すごろくのように　サイコロふれず

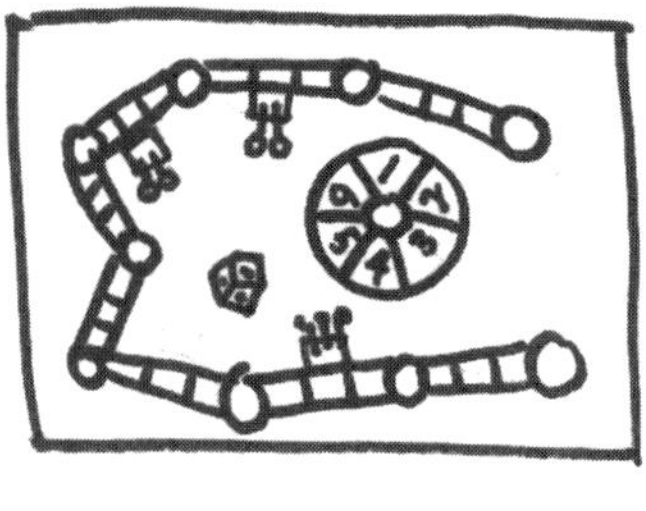

ゲームのようなゲームでない

人の一生は、オセロゲームのように、白色と黒色だけでわりきれるわけでもなく、コーナーをとったからと勝てるわけでもない。人の一生は、すごろくゲームのようにお金が貯まったり、海外旅行に行けたり、戻ったり、一休みしたりと、サイコロを振って決められるわけでもない。

それでも確かに人の一生にはおもしろさがあり、ゲームと似ているところもある。だけどゲームのようでゲームでないのが人生である。二人でするオセロゲームや四、五人でするすごろくゲームとは大違いである。また、色の数が多いとか、ゴールに行くのが早い遅いだけで何かが決まるわけではない。ましてや卓上だけではあまりにも狭い。卓上より広い世界の中で、たくさんの人と出会いながら生きている。勝つとか負けるとかでは、決してはかれないのが人生なのだ。オセロゲームのように白黒をはっきりさせられず、あいまいなことも多い。すごろくゲームのような大きな浮き沈みより、平凡に流れる毎日の方が多い。それでもその中で、いろいろなことがある。しんどいこともあれば楽しいこともある。悲しいことだってある。それでもいい。それがいい。みんなと生きていることがいい。

明日はくる

どんなに今が　苦しくとも
想い描いて　心は自由

心は自由

心の中では何を思っても自由だ。罪に問われることもなければ、お金もかからない。想像の翼をどんどん広げても、誰にも邪魔だと言われない。心の中では、どこにでも行ける。いっぱい遊べる。いろいろな人と出会うことができる。今と違う自分とも会うことができる。

苦しみや悲しみでいっぱいいっぱいのときは、苦しみだけで胸が押しつぶされそうになり、悲しみだけで胸がはりさけそうになる。だけど、そんなときは心のチャンネルを変えればよい。いやな画面をいつまでも見ていなくてもよいはずだ。「現実から目をそらすな」って強い人は言うかもしれないけど、みんなが常に強いわけではない。だから、今はチャンネルを変える。現実でないことを思う。ずっと昔、心があったかくなったあのこと。ずっとずっと先、今と違う未来があること。心は自由。何を思ってもいい。何を思っているかは自分だけの秘密だ。そしてまた、何にも考えないのもいい。ぼーっとしている、そんな時間も必要だ。これもまた味がないようで味がある。心は自由。現実との違いに嘆くことはない。思い描くことのできる自分がいる、このことは現実である。

この鼓動　生きてる証　感動も
脈打つ心　失うなかれ

感動できる心

琵琶湖の水面に映る夕焼けを見て、美しいと感じる。あっという間に咲いて、ぱっと散りゆく桜にいさぎよさを感じる。歌を聞いて心がなごむ。ちょっとしたこの子のひと言に心がほんわりとなる。試合に勝っては嬉しくて君とハイタッチ、敗けたらほんとうに悔しい。納得いかないことに対して、すごい憤りを感じる。好きな人に久しぶりに会えることになり、心ときめく。映画を見て笑ったり泣いたりできる。「美味しいね」と友だちと言いながら一緒に食べられることに幸せを感じる・・・。いくつになっても、そんな感動の心をもっていたい。

でも、感動ってどこから生まれてくるのだろう。何かに一生懸命打ち込める熱い心。何事にも挑戦しようとするみなぎるパワー。美しいものを美しいと感じる純粋な心。いろいろなことに対しての好奇心。ちょっとしたことにも気付ける繊細さ。思いをはせる心の広さ。大切な人や大切なものがそこにあること・・・。『感動できる心が若さである』と教えてもらったことがある。若いから感動できるのではなく、感動が若さをつくるのだ。どきどきすることやわくわくすることは、大人にとっても必要である。

ありのまま

弱みが強み　我知れば
強みが弱み　我を知らねば

弱みと強み

どんなに強いチームであっても少々の弱点はある。それでも何故強いかといえば、自己のチームの弱点をチームみんなで把握し、弱点をカバーできる体制を作り、練習を重ねているからである。チームだけでなく、誰にでも《弱み》はあるかもしれない。それを自分で把握できているかどうかが大切なのである。ところが、そのことを隠すことだけに力を注いでいることはないだろうか。強がりや、虚勢ばかりはっていると、自分自身がしんどくなってしまう。だからと言って『私はダメなのだ』とふさぎこんだり、甘えてばかりいたりすると、ますます自分がいやになる。

ほんとうは背筋を伸ばして、颯爽と歩きたい。だけど背中をまるめてとぼとぼ歩いている自分がいる。まっすぐ見据えて堂々と歩きたい。だけどいつの間にか横道にそれている自分がいる。そんな自分もいることを知り、そんなときもあることを知ることが大事である。自尊感情とは自己嫌悪を否定することでなく、自分がいやになることも、自分の弱みも受け止めていくことではないだろうか。ありのままの自分を。ありのままの今を。その姿勢がやがて《強み》となる。

いくつでも　悩みの多く　人と人
支えの多く　それも人なり

人間関係

いくつになっても、人の悩みの多くは人間関係である。学校でも職場でも家庭においても難しいことはけっこうある。『気持ちを分かってもらえない』『傷つくことを言われる』『気ばかり遣っていてしんどい』・・・など、いろいろある。自分じゃない人がまわりにいる。時々、自分のことですらわからなくなるのに、人の思いなど、なかなかわかるものではない。一旦もつれた人間関係は直すのも難しく、切るにも悩む。

逆に、いくつになっても人間関係で救われることがある。学校でも職場でも家庭においても、ありがたいと思うことはいくつもある。『あの人がいてくれたから助かった』『気持ちを理解してくれる』『おもいやりが伝わってくる』・・・これもいっぱいある。自分じゃ考えられない新しいものを見せてくれる。自分ひとりじゃ乗り越えられなかったことが乗り越えられる。ひとつの人間関係が次の人間関係を広げていく。

人間関係はとても大切である。時にはストレスになることもあるが、やはり大きな支えである。ただ、重くてしんどいだけなら次の人間関係を作っていってもよい。今に、ここにとどまらなくてもよい。新たな出会いは必ずある。

人と人

出会いふれ合い　響き愛

つむぎつなげて　不思議の連鎖

不思議の連鎖

不思議だなあ。どんなに考えても不思議だ。世界の人口は七四億八千万以上なのに、一人として同じ人はいない。人類が始まってからを考えれば、この世にどれだけの人が生きてきたのだろうか。前世から生まれ変わった人もいるのかもしれないが、やはり同じ人でもなければ同じ生き方もしていない。

不思議だなあ。どんなに考えても不思議だ。どうして人は人として生まれてきたのだろうか。何よりこんなにたくさんの人がいるのに、どうしてこの人と出会うことができたのだろうか。

そして、ひとつの出会いがふれ合いになり、《響き愛》へとつむぎつなげていくうちに、今日も心の中にひだまりができる。冬になるとあったかいお茶が恋しくて、お風呂のぬくもりがありがたくて、外に出るとひだまりをみつけたくなるけれど、そこに大切な人がいるだけで、あったかいお茶、お風呂のぬくもり、そしてひだまりとなる。すごいなあ。もっと子どもたちの《元気ひだまり》と、大人の《優しさひだまり》が広がっていけば、きっとみんなが幸せになれるような気がする。それが不思議の連鎖だ。

風鈴に　ひとすじの風　目を伏せて
心に映る　やわらか音色

ひとすじの風

ひとすじの風が風鈴を揺らし、音となる。風鈴は風鈴だけでは音を出すことができない。ろうそくもろうそくだけでは、その小さな灯りを放つことはできない。世の中の多くのものは人間も含め、そのものだけで存在したり、そのものだけで役割を果たしたりすることが難しい。何かと何かが織りなしてひとつとなり、美しい音色や輝く光となって私たちの心を癒してくれる。鉛筆一本も、そこにノートがあり使う人がいて、ようやくその物の役を果たすことができる。物と物、物と人、人と人も、触れ合ったり織りなしたりしながら生きている。

さらにすごいことは、目に見えないものの存在の大きさである。目に見えないものが心に映り、何かと何かをつないでいく。やさしさがひとすじの風となって、心の中の風鈴をさわやかに揺らしてくれる。明るさがろうそくの灯となって、心の中に小さな光を照らしてくれたりする。目を伏せると、やわらかな音色と光を感じる。目に見えないものを感じ、目に見えないものを大切にする心をもちたい。

少しずつ　日々草に　重ねゆく
ひとつのことと　ひとつの出会い

ひとつ

ひとつのこと　一人でやりきらなければならないことがある
ひとつのこと　みんなでやりきるべきことがある
ひとつのこと　一人でやりきったときに少し大きくなった自分がいる
ひとつのこと　みんなでやりきったとき大きな喜びがある
ひとつのこと　たったひとつなのにとても大事
ひとつのこと　たったひとつだからとても大事
ひとつのこと　無二の自分が今生きていること
ひとつのこと　みんなと一緒に今生きていること
次に続くひとつのこと
ひとつの出会い　命と心がつながる　ひとつの出会い　何かを変える
ひとつの出会い　今の自分が存在する　ひとつの出会い　次の出会いをうみだす
ひとつの出会い　喜びを教えてくれる　ひとつの出会い　やがて悲しい別れとなる
それでも大事なひとつの出会い

よーいどん！

昨日を越えて
笑顔いっぱい

新記録
明日へのゴール！

自己新記録

この世に生をうけ、「よーいどん」とスタートした。それでも人生は、毎日が新しいレースである。だから、なかなか昨日とは比較できない。だけど、昨日なら折れていた心が、今日は『なにくそ』と向かっている。だから、それだけで昨日を越えて、今日は新記録だと思う。今日は、しっかりまわりが見えなくて少しコースを外れてしまったけど、明日は『もう一度やり直そう』と思う。その心がきっと、自己新記録だと思う。

いくつでもいくつになっても、まだまだ昨日を越える自分の記録は出せる。確かに、若い時みたいに必死に走ることは少ししんどい。だけどこのレースの記録は、スピードや距離や美しさだけを競っているものではない。ゆったりと少しまわりの景色を見ながら、笑顔も忘れずに走っていくレース運びも面白い。明日へのゴールを重ねていく。最終レースはもう少し先にあるはずだ。その時も笑顔でゴールするために今日の自己新記録を目指そう。自己新記録は自分以外誰も出すことができないから。そして、このレースに声援を送ってくれる人がいる。だからまだ走ることができる。

空仰ぎ　無二の一日　愛おしく
出会えし人に　想いあふれて

無二の出会い

《この一球は絶対無二の一球なり、されば心身をこめて一打すべし》の言葉にかけて、自分からふと出た言葉、「この一日は絶対無二の一日なり、されば心身をこめて生きるべし」。バレー部の君に言いながら、自分の無二の一日、無二の出会いを考える。

どんなに大切な人がいる場所であっても、どんなに愛おしい時間であっても、ずっと同じ場所にいることも、ずっと同じ時間にとどまることもできない。でも、たとえこの世というこの場所から去ることになり、新しい時間を一緒に迎えることができなくなっても、共に過ごした日々や、共に歩いた道がなくなるわけではない。別れはとても悲しくて切ない。でも、『ずっとここにいたい、過ぎていくこの時間さえ愛おしい』という思いが強ければ強いほど、大切なかけがえのない出会いをさせてもらえたということである。

仕事を終える日が近づき、今さらながら無二の一日、無二の出会いのありがたさを感じる。ほんとうに私にとって、子どもたち、保護者、同僚、バレー仲間、友だち、そして家族・・・出会うことのできた一人ひとりに感謝の想いが溢れる。

第二章

ひとしずく　ゆらりゆらり　心潤いて

～幼稚園での出会いから～

涙ため　行きつ戻りつ　少しずつ
小さき胸に　大きな勇気

大きな勇気

入園したばかりの子どもにとっては、わずかな時間であっても親と離れることは、人生初めての経験である。悲しくて不安で仕方ない子どももいれば、すぐに親から離れ、迎える担任に歩み寄れる子どももいる。ほんとうにそれぞれである。子どもが慣れるまでは、親も部屋まで行き、着替えをカゴに入れたりしながらわが子の様子を見ている。

そして、一ヶ月ほど過ぎると、少しずつ門で見送れるようにとお願いする。門から園舎までの距離など、ほんの少しである。でもこのわずかな距離が子どもにとっては長い道のりである。門が近づくにつれ、親の手を握るのにも力が入る。涙をいっぱいにためている子どももいる。一度進み始めたのに、何度も何度も振り返り、突然猛ダッシュでお母さんのところに戻ってくる子どももいる。心の中の葛藤が手に取るようにわかる。親にしても、そんな子どもの様子がいじらしくてならない。親の手を離れて担任と手をつなぐほんのわずかな時間、子どもにとっての正念場、大きな勇気をふりしぼっている。ところが、ここで同じように登園する友だちと出会うと、表情は一転、友だちと手をつなぎ、笑顔で園舎に向かう。親もほっとして、振り返らない子どもの後ろ姿を見送る。

手のひらに　幸せいっぱい　握りしめ
あふれる愛で　命かがやき

小さな手に

赤ちゃんは手を握りしめこの世に誕生する。その小さな手には、これから出会うみんなが笑顔になれるよう『幸せ』をいっぱい握りしめているという。私もその幸せを分けてもらうことが多い。

子どもたちとエコ探検に出掛けるときだった。園庭のフェンスに子つばめが並んでいた。子どもたちは目を大きくして集中。子つばめは風が強くてなかなか飛び立つことができない。親つばめが何度もやってきては、エサをやりながら羽を広げて、子つばめたちに「大丈夫だよ。安心して、こうやって飛ぶのだよ」と、教えているかのように見えた。その様子を、子どもたちが優しい瞳で、そおーっとずーっと見守っていたのだ。そのうち、♫五月のお空を飛んで遊ぼう♫と、《つばめになって》を応援歌のように歌い出す子どもたち。いよいよ一羽の子つばめが飛び立った。他の子つばめが一斉に羽をばたばたとさせた。そのときだった。ある子どものひと言、「飛んだお友だちつばめに拍手をしているのやね」すごいなあ、子どもの発想、子どもの目、子どもの耳。ほんとうに小さな手に幸せを握りしめ、あふれる愛で命を輝かせ、幸せを広げてくれている。

童謡は　身体を揺らし　口ずさみ
心も揺れる　湯船のように

童謡

三十八年間、中学校で働くことができた後に、幼稚園で勤務することとなった。多くの方から「中学生と比べ幼稚園の子どもはかわいいでしょう」と話しかけられた。私は、「いいえ、中学生もかわいいです」と答えていた。人にはそのときそのときのかわいらしさや愛おしさがある。かわいらしさと年齢が比例しているわけではない。

しかし、正直、どんなふうに幼稚園の子どもたちに話をすればよいか、最初の入園式の式辞から悩んだ。そして、ふと浮かんだのが、《ぞうさん》の童謡であった。「ぞうさん　ぞうさん　だれがすきなの　あのね　かあさんがすきなのよ」この歌に合わせて、親子のぞうさんのペープサートを作ってもらい楽しく入園児に話をした。「大好きなおうちの人はいつもそばにいてくれるよ、だいじょうぶだよ」と。《チューリップ》《ちょうちょう》《おうま》を使わせてもらい、子どもたちや保護者の方に話をしたこともある。童謡は味わいが深い。子どもたちの体が自然と揺れて、湯船のようにゆらりゆらりと心までほんわかしてくる。ひとつひとつの童謡が、作者のほんとうに温かな思いの中で生まれたのだと感服する。

弱くない　最初はみんな　そうだから
友だちの声　大きな力

ともだち

幼稚園の子どもたちは、まだまだ自分が一番で世界が自分中心で回っていると思っていたが、友だちの存在は大きく、けっこう友だちを見ながら初めての集団生活を送っている。友だちの真似をしたり、いやでも「いいよ」と気を遣ったりしている。中学校では、一人が過呼吸になると見ている生徒も過呼吸になるということがあった。幼稚園でびっくりしたのは、一人がおもらしすると次も続くことだ。過呼吸は、きっと見ているうちに自分もしんどくなってしまうのだと思う。おもらしは、その子の世話をしている先生の目を少し私にも向けてほしいという無意識のサインになっているようにも思う。

子ども同士の力にもびっくりすることがある。みんなで走り縄跳びをしていたとき、一人の四歳児が上手くできずに転んで泣いていた。「私は弱いし下手や、うまくできない。縄跳びもうイヤ!」と、縄跳びを投げてしまった。すると駆け寄った友だちがこんなふうに声をかけた。「〇〇ちゃんは弱くないよ。みんな最初はできないよ」。その後だった。泣いていた子どもが立ち上がり縄跳びを手に取り、もう一度跳び始めたのである。

しあわせは

どんな色かと　自分色

一人ひとりの　輝きこそが

自分色

時々思う。幸せに色があるなら、どんな色をしているのだろうかと。でも幸せは見るものでなく感じるものだから、色さえわからない。ある日、とてもさりげないことなのにほのぼのとした幸せを感じたことがあった。いつものように子どもたちが外遊びから帰ってきたときに、職員室を覗き込んで、私に「ただいま」と大きな声をかけてくれた。「おかえりなさい」と返したのだが、そのとき五月の風と一緒に「し・あ・わ・せ」が、自分の心にすーっと入ってきた。

わが子が幼い頃は、私が子どもより早く帰ることはなく、「おかえり」と声をかけることなどほとんどなかった。また「おかえり」の言葉そのものに幸せを感じることもなかった。歳を重ねるにつれ、悲しい別れを経験することが多くなった。何気なく言葉にする「おかえりなさい」に、その日はほのぼのとした幸せを感じた。

きっと幸せは、人によって違うし、そのときによっても違う。「それがあなたの幸せなのだよ」と言ってもらっても、本人の思いと同じとは限らない。自分色であり、一人ひとりの輝きがあってこその幸せである。

役に立つ

誰かのために　頑張れる

悲しませまい　大切な人

誰かのために

「自分のために頑張るのだ」とよく言われるけど、なかなか自分のためには頑張りきれない。今やっていることが誰かの役に立つ、大切な人が喜んでくれる、その思いが少々しんどいことでもやり遂げたいという気持ちにさせる。

カレー会食のために、年長児が買い物に出掛けた。普段ならもう歩くのは嫌だと途中で座り込んでしまいそうな道のりも、重い野菜を持って帰ってくる。年少児に美味しいカレーを食べてほしいから。年少児は一生懸命その野菜を洗う。普段なら途中で投げ出しそうなくらいたくさんあるのに、弱音をはかない。年長児に喜んでほしいから。

健気な幼稚園児の姿に、揺れ動く中学生の姿を重ねる。悪いとわかりながらも強がってもみたいし、格好もつけたい、時には悪い行動もしてしまう。でもそんなとき、「自分のためにちゃんとしなさい」と言われてもなかなかできないけれど、この行動が大事な人を悲しませると思えば我慢できることもある。誰かのために頑張ることや我慢することが、やがては自分のためにもなっていく。人を大切に思う心と、自分を大切に思う心はつながっている。

あこがれを

心ポケット　いっぱいに

ふくらませては　ひとつ大きく

あこがれ

「かっこいいなあ」「なんて素敵なのだろう」「あんなふうになりたいなあ」。いくつであってもあこがれの気持ちというのはあるものだ。幼稚園ではいろいろなことができる年長児や友だちに、小・中・高校では勉強や部活でかっこよく決めている仲間や先輩に対して、職場ではてきぱき仕事をこなす先輩や決断力のあるリーダーを見て、あこがれの思いを抱くことが多くある。そして、少しでも近づきたいと、真似たり努力したりを重ねていく。あこがれを心のポケットに入れることで大きく伸びていく芽を育てていくことができる。

こんな挨拶と出会った。修了証書授与式の保護者の方からの言葉である。「さくら組さんが、あやめ組をお兄さん、お姉さんにしてくれました」と。さくら組が四歳児、あやめ組が五歳児である。確かに、年下の園児が入園してくるだけで、五歳児の子どもたちは仕草や顔つきまでが変わってくる。守りたい、守らなくちゃ、楽しんでほしい、楽しませなくちゃ・・・そんな気持ちの芽生えのようにも思う。あこがれの気持ちは、あこがれる者、あこがれられる者のどちらをも大きく成長させてくれる。

絵本から　飛び出し　すとんと　入ったよ
心の中に　にじいろのはな

にじいろのはな

絵本はなかなか味わいがある。同じ絵本でも中学校、大人になってから読んでも違う味わいがある。幼稚園の子どもたちは担任が読む絵本を前のめりになって聞き入っている。ひとつのお話の中からどんどん子どもたちの想像の翼が広がっていく。子どもたちのつぶやきはほんとうにおもしろい。「ぼくの家にもきてくれるかな」「これからどうなるのかなあ」「私も助けに行きたい」と、すっかり絵本の中に入っている。いや絵本から主人公が飛び出し、子どもたちの心の中に入っていくようにも思う。

二月に劇遊びの発表会をする。担任の投げかけにより、子どもたちがいろいろなアイデアを出し合い、相談しながらひとつの劇をつくり発表する。小さい子どもに話し合いができるのだろうかと思っていたが、なかなかどうして、担任が子どもたちの声を大事にし、絵本から飛び出した主人公にも助けてもらいながら、自分たちの幼稚園生活を振り返り、みんなでしっかり話し合い、登場人物やストーリーをつくっていく。この前の発表会は、絵本から飛び出した「にじいろのはな」が子どもたちのお助けマンだった。子どもたちの想像力や話し合う力は、未来を創造する力となりみんなで生きる力となる。

この命　誰が守るの？　その問いに

ほのぼのしても　気を引き締めん

命は誰が守る

避難訓練を何度かする。想定は地震や火災や不審者であったりする。園だけですることもあれば、消防署や警察署にもお世話になりながら、いざというときの動きについて確認し、練習を重ねている。最初は訓練とわかりながらも、おまわりさんの迫真の演技に泣いてしまう子どももいる。そして何より命の大切さについて子どもたちに話をする。

その日の避難訓練は、園だけでの実施となった。園庭にみんなが避難したあと、並んでいる園児たちに私は話をする。「おうちの人も先生たちも地域の人たちも大切なみんなのことを守るけれど、最後は自分の命は自分で守る。だから話をしっかり聞く、《おはしも》の押さない、走らない、しゃべらない、戻らない、をしっかり守りましょう」と。すると、「はい」と大きな返事。――園舎に戻る男の子に聞いた。「〇〇君の命は誰が守るの?」「園長先生」。すると、「ちがうで、自分の命は自分で守るのやで」と、隣の子が言っていた。真剣に答えるこの子たちの姿にほのぼのしながらも、身が引き締まった。ほんとうに平和で安心で安全な毎日を子どもたちが送れるよう、大人を信じているこの子たちの思いに応え、私たちがやらねばならないことの責任の重さを痛感した。

無邪気な　びっくりあぜん　先生は
男？　女？　今頃何を

質問

私が女子トイレから出てきたときに、四歳の女の子が廊下にいた。私を見てあぜんとびっくりした様子。何かついているかと思ったが、あまりにびっくりした様子に「どうしたの？」と声をかけると、「園長先生、男？女？」その問いかけにこちらもびっくり。「女の先生やで、知らなかったの？」それには答えず、一目散にクラスに行ってしまった。後から担任に聞くと、「〇〇先生、知っていた？園長先生、女の子なんやて」と教えてくれたとのこと。女の子ではないけれど。そういえば、前の幼稚園でも四歳の男の子が誤解をしていたことがあった。僕のところの園長先生は男だと。それもおかしい。私は水着でみんなと一緒にプールで遊んでいたすぐ後なのに。

小さい子どもは、どこで男と女の違いを知るのだろうか。髪の長さ、声の太さ、体型、それとも何となく。まあ男でも女でもどちらでもいい。私は小学生の頃、納得いかないと初めて思ったのが、祭りの山車に男の人しか乗れないことだった。純真な子どもの目、勘違いの方がはるかに納得いく。男でも女でもどちらでもよいことが、もっとあるはずだ。

同じでない

大事なものは　それぞれに

大事なことは　それを知ること

大事なもの

人によって大事なものは違う。あたりまえのことだが、なかなかこれがわからないことがある。昔、息子が新聞紙でよくいろいろな物を作っていた。ある日、新聞紙が丸まっていたので、てっきり私はゴミだと思い捨てようとしたところ、息子が目にいっぱい涙をためて、抗議しにきた。「これは、僕の大事なんや」と。よく見れば、新聞紙で作ったバットか剣のようであった。確かに、小さなチケットの切れ端でも、その人にとっては思い出のチケットかもしれない。もう捨ててもよいと思いつつ、捨てられない物だってある。自分の価値観だけで物の値打ちは計れない。

ある日子どもが、「僕は〇〇が好きだけど、先生は何が好き?」とさりげなく聞いてきたので、「ラムレーズンのアイスクリーム」と答えた。しばらくすると、折り紙で作ったラムレーズンのアイスクリームと、折り紙で作った色とりどりの花束が私の元に届いた。この日は私の誕生日で、子どもたちからのサプライズのプレゼントだった。もちろん先生たちの働きかけがあってのことだろうが・・・味も香りもないこのアイスクリームと花束が、私の大事なものになったことは言うまでもない。

待てずとも

微笑みながら　その言葉
そっとうなずく　「待っていてね」

「待っていてね」

中学生の二年生と三年生が、職場体験や保育体験で幼稚園に学びにくる。その中には指定の体操服を着用せず、別のシャツなど着て少々恰好つけている中学生もいた。それでも一日園児を前にすると、すごくあったかい瞳をして、楽しそうに一緒に遊んでいる。なかなかほほえましい光景である。「俺も幼稚園からやり直したい」と、そんなことまでつぶやいていた。中学生は中学生なりに八年、九年前の自分と重ね、思うことがあったのだろう。

そして、幼稚園の子どもも何年後の自分を想像したのか、こんなことを私に言った。「先生、ぼく中学生になっても幼稚園にもどってくるから待っていてね」胸が熱くなる。この子が中学二年になるまでの八年の月日は絶対に待てないけど、そっとうなずいてしまった。いじらしい、健気、愛おしい・・・なんとも言えない感情があふれてくる。毎年、その当時の同僚たちと、小学校の運動会を見に行くことが大きな楽しみである。今年の運動会、あの子たちはもう四年生である。

飛ばすから　空までいくよ　いつの間に

そらまめいくよ　ぼくそら豆部

そらまめ

園庭で子どもたちと遊んでいた。私はソフトバレーボールを持ち、「空まで飛ばすからね」と、高く高く打ち上げると子どもたちは大喜び。そのボールを何とか自分の胸で受けようとする。しかし、小さい子どもにとっては、この空間認識はかなり厳しい。それでも子どもたちは、あきらめることなく楽しそうに何回も何回も、「空まで飛ばして」と、寄ってくる。「わかった、空までいくよ」と言っていたつもりが、私もはしゃいでいたのか、しっかりその言葉が子どもに伝わっていなくて、「そらまめいくよ」になっていたようだ。

中学生にお兄さんのいるその子は、家に帰ってから「ぼく、そら豆部に入るから」と言っていたそうだ。お母さんは意味がわからなかったとか。意味のわからないことを言わせてしまった原因は、私であった。ごめんなさい。また、ある女の子は、私が「空まで」とばかりを言っていると、「あのね、どこから空かなんてわからないのやで」と教えてくれた。青空の下、子どもたちと楽しく遊んだひとときだった。今もあの日のこと、あの子たちのことを思って、ニヤリと笑っている自分がいる。

だっこして　一生離さない　ね、約束

卒園前日　心潤いて

「離さない」

五歳児は新入園児が入園してから、お兄さんお姉さんになるスピードが速くなる。年齢はたった一歳しか変わらないのに、大人の一歳の差とは大違いである。たくましさや歩くスピードや、ちょっとした気遣いからも感じる。そして、修了証書授与式が近づく頃、さらに変化が見られることが多い。修了証書授与式の練習で歌を歌うたびに、証書を受け取るたびに涙ぐむ子どももいる。卒園する寂しさみたいなものを、子どもなりに感じている。そんな子どもたちの姿を見るにつけ、私たち教師にも熱いものが込み上げてくる。また、やたら甘えてくることが多くなる。

卒園前日のことであった。「だっこして」と言うので、ぎゅとだっこすると、その女の子が私に言った。「一生離さない、ねっ約束」と。「離れない」のでなく、「離さない」と、力強い愛に満ちた言葉であった。おまけに「一生」までがついてきた。こんなセリフ言われたことないなあ。思わず抱きしめた手に力が入る。あの子たちはただ今、小学一年生。みんな元気に過ごしているかな。あの約束をもう忘れるくらい楽しい時間や、いい出会いをしているはずだ。

第三章

ひと呼吸　だいじょうぶ　この子みつめて

～子育てを楽しみながら～

星空に　出会いの奇跡　ふりそそぎ
心新たに　この子をみつめ

奇跡

冬の夜空は透き通っていて、ほんとうに満天の星がきらめいている。地上から見れば同じように見える星であっても、ひとつとして同じ星はない。それぞれの星が光を放ち、互いの星を輝かせている。そして、その輝きが早春の大地を照らす。「それぞれの輝きでいいのだよ」「互いの光がみんなを輝かせてくれているよね」「空はこんなに広いのに、こんなにたくさんの星があるのに、出会えてよかったね」・・・ずっと星空を眺めていると、そんなふうに語ってくれているようにも思う。

人と人の出会いは、広大な空の一点で出会うようなものである。長い歴史の中で同じ時代に生まれたこと。広い世界の中で同じ場所で生きていること。この場で出会うことができたこと。これこそが《奇跡》である。そして、一番の奇跡は、この子が自分たちの子どもとして生まれてきてくれたことである。この奇跡を信じれば、今の子育ての悩みも少しちっぽけに思えて、新しい力が湧いてくるはずだ。

ストライク！

受ける心の　ぬくもりが
投げる心の　元気玉となり

ストライクゾーン

「ぼくはまだまだ小さいから、ぼくのボールはいろいろなところにいってしまう。そんなぼくのボールをしっかりと受け止めてくれるから、ぼくは安心して投げられる。ぼくの前には、ぼくのボールを受け止めてくれる人がいる。もう少し大きくなったら、自分のほんとうのボールをみつけ、コントロールできるようなるから、今は大きく構えていてほしい」そんな子どもたちの声が聞こえてくる。

親や教師は、大切な子どもにまっすぐ育ってほしいと願っている。けれど、「きちんとさせたい」「上手にさせたい」「失敗させたくない」させたい、させたくない・・・・そんな思いばかりが強くなってしまうことがある。歩き始めた子どもが最初からまっすぐに歩けるわけではない。誰だって横道にそれたり、ころんだりする。それでも大きく手を広げて待っていてくれるから、一歩、二歩と歩き出せる。大人のストライクゾーンが広い方が、子どもたちは大きな勇気をもち、友だちと楽しく遊び、挑戦し、たくましく育つことができるだろう。子どもの元気玉に磨きがかかる。ずっと前に聞いたことを思い出す。「大人の風呂敷は大風呂敷で、少々子どもがはみ出ても大きく包んであげなさい」と。

懐かしき　半分ごっこ　あの味は
荷物分けっこ　また楽しや

半分ごっこ

「今の子どもは分け合う喜びを知らない」そんな話を聞いた。人は満たされ過ぎると物へのありがたさがわかりにくくなり、満たされないと何が大切であるかがわかりにくくなる。《半分ごっこ》ができる満たされ感が、ほどよいのかもしれない。誰もが一人では生きていけない。みんなと一緒に生きている。分け合うことの喜びをみんなと一緒に味わうことができたら、もっと楽しみも増えるのではないだろうか。

登降園のときに、カバンや水筒など全ての物を親が持っていることがある。帽子をかぶせるのも名札を付けるのも、何もかも親がしている。子どもは突っ立っているだけ。すごくおかしい光景だ。一人ひとりの育ちを大事にしながらも、子どもが自分のことを自分でできる喜びの場を奪ってはならない。少し大きくなれば、大人の荷物だって持てる。いいことだけでなく、少しずつ大人の困っていることや、悩んでいることも子どもに話してもよい。そんな思いを話してもらっているだけで、子どもは少し誇らしい気持ちになり、新たな自分、少し大きくなった自分と出会うことができる。

子守歌

大事なこの子　守らんと
小さな声で　ゆったり抱き

子守歌

人は守りたいものがあるときには、いつも以上の大きな力を発揮することがある。また、守られていることで大きな安心感を抱ける。《守る》《守られる》ことの重みを考えていく中で、ふと子守歌が頭をよぎった。子守歌というのは、『早く寝るのだよ』と子どもを寝かしつけるための歌、としかとらえていなかったが、その後ろに『安心して寝ていいのだよ。ちゃんと守っているからね』という深い想いがあって、子守歌と名付けられたのかもしれない。守られる子どもは、親の腕の中でスヤスヤ眠りにつく。

子どもは親やまわりの大人をびっくりさせることや心配させることがあるが、親には『この子がいるからこそ頑張れる』ということが、ほんとうに多くある。子どもたちは、自分の存在が、たくさんの人に大きな力や笑顔や幸せを与えていることや、未来の担い手の大切な一人であることに気が付いていないこともある。「ありがとう、助かったわ」「嬉しいなあ、また頼むで」何気ない大人の小さな一言ひと言の積み重ねが子守歌となり、安心して、そのままの自分を大切にできるようになる。守られている中で、自分を守り、人を守りたいという心も育まれていく。

少しの間　大人の答え　我慢して
迷うも大事　選ぶも大事

迷うも大事

退職して家にいる時間が長くなり、ついつい昼間にテレビをつけると、テレビショッピングの多いことにびっくりする。しかもなかなかいい物が多い。これもほしいなあ、あれがあったらいいなあ。そして「三十分以内に電話をいただくと・・・」なんてサービスを言われると、行動力があるというか深く考えていない私は、思わず電話をかけてしまう。ところが、それが手元に届く頃には、少し熱がさめていることもある。

考えれば、今の世の中にはたくさんの良い品物が溢れている。やりたいことや魅力ある職種もどんどん増えている。限られたお金や身体がひとつの中で、選択する力がますます必要となってくる。何が必要か、何が大事かを選択する力や決断する力をつけるには、小さい頃からの積み重ねが必要である。大人が先に答えを出し、「喉かわいているね。ジュース飲んで」と与えるより、子ども自身が、感じ、考え、想像し、選び、決める、場面や時間を与えることも大事である。保育所の小さな子が、二つある入口を見て、「今日はこっちから入る」と自分の思いをお母さんに言っていた。自分の行く道を今から考えている。すでに進路選択を始めている。迷ってもいい、選んで子どもなりの答えを。

短冊に　願いを綴る　小さな手
見守る親は　わが子の幸を

短冊

「沖縄慰霊の日」のことがテレビで放映され、あるおばあちゃんがこんな話をされていた。「孫が結婚式で『あのときおばあちゃんが自決しなかったから、僕の今がある』と言ってくれた。命をバトンタッチできた。これからもあの当時のことを絵本にして伝えていきたい」と。私たちは戦争を体験された方の切なる平和への願いを、次の世代につないでいかねばならない。

ちょうどその日に近くのスーパーに行くと、七夕飾りと短冊が置いてあった。子どもたちが、必ずといっていいほどそこに止まり、短冊に願い事を書いている。「はやく書きなさい」や「そんな書いても仕方ない」の言葉はひとつもなく、温かく小さな手を見守るお父さん、お母さん。どんな願いを子どもが書いているかわからないが、『この子の願いはきっと叶っているのだろう』と思えた。ほほえましくわが子を見守るお父さん、お母さんの姿からそれを感じた。あたたかな家庭と、何より平和な差別のない社会の中でこの子も幸せになれる。この子の小さな手の中に夢や希望がもてるように、心の短冊に私たち大人も記そう。子どもたちの幸せを願って。

しゃがんで　見える景色が　子の世界
背伸びして見る　大人の世界

景色

見える景色が子どもと大人では違う。どんなものが見えているのかを知ることが大事である。しゃがんでみること、同じ目線になること、そして心に寄り添うことである。大人は汚れるのがいやだから出来るだけ避けて行きたいのに、どうして子どもは水たまりが好きなのだろう。ピチヤピチャと足から伝わる感触が気持ちよいのだろうか。大人の多くは平坦な道の方が楽で好きだけど、どうして子どもはすぐに縁石に上がっていくのだろう。一本橋のようにスリルを味わっているのだろうか。

そして、子どもは少し背伸びして大人の世界を見ようとする。大人が少ししゃがんで子どもの世界を知りたいと思うのと似ているのだろうか。大人の世界はそんなに魅力的ではないかもしれない。いやいや待て待て。これでなかなか子どもにとっては魅力かもしれない。自分で本を読み、自分のお金で買い物に行き、自分の行きたい道を歩く大人。ましてや、大人が笑顔でいてくれたら、子どもは大人になることが怖くなくなる。子どもの世界と大人の世界。大人にとって子どもの世界はかつていた世界であり、子どもにとって大人の世界はこれから行く世界である。それぞれの景色に想いをはせながらも、今の景色を楽しもう。

ため息を　ここでちょっと　ひと息に
我にかけるは　魔法呪文

魔法呪文

子どもの笑顔に救われることや、子どもの寝顔に癒されることは多い。それでもそれ以上に心配や悩みが多く、なかなか思うようにいかないのが子育てである。幼いときはあれやこれやと子どもの動きを見ながら心配する。親が忙しいとき疲れているとき、いつも以上に泣いたり熱を出したりする。思春期になれば、何を考えているのかもわかりにくくなり見えない子どもの心に悩んでしまう。幼いときには怒ったり無理やりにでもさせたりできたことが、思春期になると怒っても諭しても親の思うようにはならない。自分の子どもであっても自分ではないからだ。理屈ではわかっているのだが・・・・。

ふと気付けば、出るのは親のため息と「だいじょうぶ?」と思う心配と不安ばかり。心配することは決して悪いことではないが、親ができることは無償であっても無限ではない。大人たちの多くがそうであったように、子どもたちは自分の道を自分でみつけて歩いていく。さあ、ため息をひと息に変えてみよう。ここでひと息、そして子どもにも自分にもかける呪文は「だいじょうぶ!」。そうすれば子どもはたくましくなり、いろいろなことに挑戦できる。大人もこの呪文で元気になれる。元気になれば笑顔が出る。だから、だいじょうぶ!

幼な子は　親の言葉で　自分知り
自己対話して　自分を創る

親の言葉

小さい子どもは、最初から自分を知っているわけではない。言葉も知らなければ、自分が男の子か女の子かも知らない。親の言葉から言葉を少しずつ知り、自分を知る。「ほんとうにこの子はこわがりや」と言われ、自分はこわがりだと思う。「この子はお父さんに似てのんびりやさんだ」と言われ、自分は少しのんびりしていると思う。少し大きくなり「やさしい子だね」と言われ、自分のやさしさを発見する。それならば「いい子いい子」で育てたらいい子になるのだろうか。さらにもう少し大きくなると、親のいい子やよくできた子が重荷になることもある。

親に産みの苦しみがあったように、子どもは少しずつ自分と向き合い、心の生みの苦しみを味わうときがある。自我のめざめである。親の言葉で知った自分だけでなく、自分の心と語り合いながら自分の心を生み、自分を創ろうとしている。親の目から見ればまだまだだろうが、子どもは大人の階段を上り始めている。そのときはお産と一緒で、まわりは見守ることしかできないこともある。

そんなにも

自分も人も　責めないで

責めて変わらず　許して光

責めないで

思うようにならなかったり、悪いことが起こったりすると、ついつい人や自分を責めてますます苦しみを深めてしまう。特に子どもが不安定になると、子どもよりまずは父親に「家庭を大事にしてくれないから」「私の苦労をわかってくれていない」と責め、そして母親である自分自身を『自分の育て方が悪かったから』『あのときにそばにいてやれなかったから』と責めてしまう。大切な人を亡くしたときは、もっともっと責める。『自分は何をしていたのだ』『自分がかわればよかったのだ』と。変えることのできないことなのに、変わらず苦しみだけがますます大きくなるとわかっているのに、責め続けている。自分の心も生身の身体もとっくに悲鳴をあげている。

責めることが、攻めることのみになっている。守ることの大切さを忘れている。ほんの少しでも許すことができれば、守ることができる。閉ざされた部屋の中にわずかな光が射す。責め苦しんでいる中に、「もう許してあげて」と、閉ざした部屋の外で揺らぐ風が話しかけている。そんなふうに思おうとしているのは甘えなのだろうか。だけど、責めても何も変わらずみんなや自分を苦しめるだけなら、少し、その風に甘えてみてもよいのでは。

母燃ゆる　大縄跳びに　拍手する
子どもの姿　ほほえましいな

親の頑張り

幼稚園でも学校でも、運動会や体育祭には保護者種目というのがある。親が頑張っている姿を応援する子どもの表情は、幼稚園の園児も中学生の生徒も同じである。幼稚園児は、「がんばれ！がんばれ！」と大きな声を出して応援している。中学生は、そこまで大きな声は出さないが、クラスメートと談笑しながら拍手を送る姿がほほえましい。表現は少し違っても、どちらも親の奮闘や頑張りを嬉しく思って応援しているのがその表情から伝わってくる。小さいときは、「お母さん大好き！」なんて甘えてくる。思春期になってまでそんなふうに言われたら、かえって心配だ。「おかんはうるさいなあ」それくらいの距離感がよいかもしれない。

親が一番に子どもの頑張りを認めたいように、子どもも親の頑張りを感じたい。知らぬ間に、何も言わなくても子どもは親の頑張る姿をしっかりと見てくれている。親が子どもを心配するときは、この子のそばにいてやりたいと思うように、子どもは少しでも親の役に立ちたいという思いがどこかにある。

「あのね」から

「べつに」へ変身
くっつきむしが

そっけなく
離れ小島に

くっつきむし

ちょっと親の姿が見えなくなっただけで泣いていた幼い日の子どもが、今や「何を考えているかわからない、子どもの心が見えない」と親を悩ませている。「あのね、あのね」と、どこに行くにもうるさいほど追いかけてきた小さかった子どもが、今や「べつに」と会話にならず、大きくなっただけふてぶてしく感じる。「だっこ」「だっこ」とせがんで甘えていた子どもが、今や少し手が触れただけで難しそうな顔をしている。これを成長と言ってよいのだろうか。

さあ、ここで《今》を巻き戻してみよう。子どもが一番好きな場所は、親の膝の上。用事もないのに握ってくるのは、親の手。親は、子どものぬくもりをこんなに近くで感じることができる。確かに手もかかるし、目も離せない。でもやがてはくる、子どもが親の膝の上より安心できる場所をみつけるときが。やがてはくる、親の手より違うぬくもりの手を求めるときが。だから、今はいっぱいギュッとし、いっぱい一緒にいよう。巻き戻してわかったように、そんな時間もわずかである。くっつき虫が、離れ小島に冒険にいく日は近い。

もがくより　流れのままに　流れゆく
自然体よし　飾りは重し

流れのままに

教師になってしばらくたった頃、同じ体育教師であった星野富弘さんの詩画集に大きな感銘を受け、その感動を学級の君によく伝えていた。星野さんは、事故で手足の動きを失い、嘆きと苦悩の中にいたとき、小さい頃に川でおぼれたことを思い出された。「手足をばたつかせ、元の岸に戻ろうと暴れると、ますます沈み、川の速さが身体を引き込み何回も水を飲んだ。『そうだ、何もあそこに戻らなくていい』身体の向きを反対に変え、流れのままに身をまかせると、ようやく違う岸に着くことができた」と。そして失ったものを求めるより今できることをと、口に筆をくわえて詩画を描き始められた。

私たちの生活の中でも、もがけばもがくほど沈んでしまうことがある。戻らなくてはと思えば思うほど遠くになることがある。飾れば飾るほど美しさより重さになることがある。子どもが不安定になってくると、『こんな子じゃなかった。小学校まで素直でいい子だったのに』と今のわが子を否定してしまうことがある。小学校のときの素直な岸に戻れなくても、新しい岸がこの子にある。もがくことより、戻ることより、飾ることより、自然体で自然にまかせてもよいことだってあるはずだ。

さわやかな　五月の風を　きりながら

未来に走る　わが子の背中

わが子の背中

中学生になると自転車通学をする君が多くなる。卒業式前、「俺は、部活が終わって家に帰るときに琵琶湖大橋に見える夕焼けが好きやった」なんて少しロマンチックなことを言う君もいた。「私は自転車しっかり磨いてあげるわ。三年間ありがとうって。また三年間高校でも世話になるけれど」なんて言う君もいた。

そして、毎朝、君の通学バッグに弁当を入れ、颯爽と自転車に乗り、風をきる君を見送る人がいる。暑い時はペダルを漕いでいる君のそよ風になりたいと、落ち込んで進みあぐねている時は追い風になりたいと、そんな親の思いを君は知っているだろうか。夕焼けや自転車にも愛情を感じている君だから、きっと振り向かなくても、自分の背中に親のぬくもりを感じているはずだ。「行ってきます」なんてかわいくは言えない君かもしれないけれど、だんだん大きくなってきた背中が、親に語っていることがある。少し太くなった声で、「行ってくるわ」と言う君。さあ、無限の可能性と輝く未来を信じ、颯爽と走る君の背中に元気に君に言おう。「行ってらっしゃい」と。

開かない　心の扉　外からは
少し待ってよ　自分で拓く

心の扉

挫折や不信感や自己嫌悪で一度閉ざした心の扉は、内側からしか開かない。外側からぐいぐい押されると、もっと奥に行きたくなる。扉の向こうからこんなことを思っているのではないか。

どんどんと何度もノックされ、無理にノブを開こうとする音が聞こえてくる。逃げているわけではないけど、今はその音さえが怖い。そんなにドアを叩かないで、もっと壊れてしまう。「ねえ、開けて。話をしようよ」と、ドア越しに心配してくれているのは伝わってくるけれど、まだそのドアは開けられない。もう少しほしい、自分と話をする時間がもう少しほしい。昔、友だちと歌ったあの歌が懐かしくて、おうちの人が作ってくれた料理の味が恋しくて、少しずつ少しずつノブに近づくからね。そっとそっと、自分で扉を開けたい。

そのときは、さわやかな風やひとすじの光が入ってくるのだろうか。そして、自分でドアを開くことが、次の道を少しは拓くことになるのだろうか。何よりそっと扉を開いたときには、「おかえり」と自然な声で受け止めてくれる人がそばにいてほしい。

今何時？　人生時刻　問いかけて
まだ間に合うよ　何してあそぼ

人生時刻

平均寿命は平均に過ぎないから、そのまま自分にあてはまるわけではない。それでも一日の時間と自分の年齢を掛けてから、平均寿命で割ると、だいたいの人生時刻が出る。中学生は、まだ夜明けである。真っ暗な夜明け、ましてや季節が冬なら震えていると思う。自分の足で歩いては暗くて寒い。しっかり足を進められなくても当然なのかもしれない。だから、道しるべとなる大人の光や寒さを癒すぬくもりが必要なのだと思う。

子育てで悩まれるお父さん、お母さんの人生時刻を考えれば、まだまだ早い時刻である。子どもといっぱい遊ぶ時間も、二人で楽しく過ごす時間も、友だちと一緒の時間も、頑張って働く時間も、自分だけのゆっくりした時間もある。その時間をつくることができる。あせることなく、そんな時間を大事にしながら過ごしてもいいだろう。

計算してみて人生時刻が一日の二十四時間を超えていたら、これもすごいことだ。一日の時間が塗り替えられている。それならどこまで塗り替えられるか挑戦だ。

私の人生時刻は夕暮れ時だ。さあ、買い物にでも行ってこようかな。今まで買ったことのない物で今夜の料理をしようか。いや、料理は大の苦手。やっぱりもう少し遊ぼうかな。

春に立つ　寒さ厳しい　如月を

ぬくもりと熱で　いざ乗り越えん

春に立つ

小さい頃から受験を経験している子どもたちが増えてはいるが、初めての進路選択は高校という場合が多い。子どもの気持ちはもちろんであるが、親も心配でならない。『どこの高校がよいのか』『どこの高校に入れるのか』『ちゃんと勉強しているのか』『隣の家の受験生の方が遅くまで電気がついている』『塾の費用がかなりかかる』『どうするのかと聞いても返事がない』自分が受験したときより心配でならない。次から次へと親の不安が広がる。そして、言わないつもりが言ってしまっている。「こっちの高校に下げたら」と。下げるとか上げるとか、進路選択でいかがなものか。子どもにもたなくてもよい優越感や劣等感をもたせ、ほんとうの価値が見出せなくなる。

相談にのりアドバイスするのはよいが、最後は子どもに自己決定させることが大事である。自分で選ぶことが、少々苦しくても乗り越える力となる。受験前の冬は精神的にしんどい。如月のように厳しい。だけど子どもたちは、それを乗り越えて強くなっていく。春に立つためには、家族のぬくもりと子どもの熱い心が道を拓く。万一受験が不合格という結果であっても、努力した者は必ずや春に立つことができる。

明日がある　今日がなくては　明日はなし
我なくしては　見るもの見えず

今日があって

今日も一日が始まり、一日が終わる。そして明日がくる。「明日があるさ」という歌もあるし、よく言う言葉でもある。確かに前向きな気持ちになる。だけど今日がなくなって、いきなり明日になるわけではない。今日をどのように生きるかによって、明日は違ってくるかもしれない。明日に期待をかけるのならば、少しでもひとつでも今日できる何かをみつけて動き出すことだ。

友だちは確かに大事だ。しかし、自分がいなければ友だちの存在もない。自分がいなくなるということは、大切な人も見えなくなるのだ。誰かを大事にしたいと思うなら、まずは自分を大事にすることだと思う。

親だって同じである。子どもを大事に思うならば、まずは子どもにとってかけがえのない親である自分を大事にすることである。自分を大事に生きている姿を、子どもは必ず見てくれている。今を大事にし自分を大事にすることが、明日につながり、自分が大切に思う人の今と未来を大切にすることになる。

向い風　君が超すまで　前を行く
君が超えたら　追い風になり

子どもが前を走るまで

『僕を超えようと努力する者に自信をもたせるためにも、王者には負ける責任がある』新聞掲載されていたロンドンパラリンピック男子四百メートルの銀メダリスト伊藤智也選手の言葉が今も心に残っている。私の中には《負ける責任》という言葉が全くなく、すごい衝撃を受けた。

学校で危険なことがあったときに、全校生徒に言ったことがある。「君らは親より先に死んだらあかんのや」と。親の思いにたち、大切な一人ひとりの命の重さについて語った。子どもの思いにたてば、親にはいつまでも元気でいてほしい。しかし、子どもにも大人にも病気や事故は容赦なくやってくる。どうしようもないことだってある。だけど、大人自身が弱い自分に負けてはならない。子どもたちが私たちを超えるまで、子どもたちが私たちの前に行くまで、私たちには走る責任があり、超えられる責任がある。そんなことを伊藤選手のこの言葉が教えてくれた。今は、向かい風にも挑もう。超えてくれたときには、そっと追い風になりたい。

第四章

ひとすじの光　明日に向かい　今を輝いて

～中学校での出会いから～

財産は　言葉と笑顔　人類の
世界遺産を　永遠《とわ》に残さん

世界遺産

落ち着いていたと思う学年が、少しずつ荒れてくることがある。荒れ始めると、すごいスピードで止めようがないほど落ちていく。非行の波が押し寄せているときだ。「積み木くずし」や「金八先生」みたいなことが、校内でも起こってくる。授業エスケープ、暴言、喫煙、暴力、火遊び・・・。家庭訪問や会議が続き、教師もどんどん疲れてくる。教室も職員室も重苦しい雰囲気となり、悲愴感が漂ってくる。ますます君と先生たちの距離は離れていく。

そんなときに、隣の先生と約束したことがあった。「どんなにしんどくても、笑顔でいようね」と。睡眠不足でしんどい朝も君とぶつかり悩んでいるときも、意識して笑顔でいた。その中で見えてきたことがあった。素直な心で笑顔を向けてくれているたくさんの君がいること、苦しくても笑顔で頑張っている同僚がいること。つっぱっている君が時折見せる笑顔。「いつか子どもがわかってくれる日がくると信じます」と、小さな笑顔で語られるお父さん。日が変わって帰っても「おかえり」の言葉をさりげなく言ってくれる家族の笑顔。あのときに思った。《言葉と笑顔》は人をつなぎ、力をくれる。人類だけの世界遺産ではないだろうか。だから、大切に次の世代にも残していかなければならない。

命より　大事なもの　ありはせず
自ら絶つな　明日は未知数

明日は未知数

悲惨な事件や事故に巻き込まれ命を亡くされることが、毎日のように報道されている。また、若者が自らの命を絶つことも・・・・・無念でならない。

私の大事な教え子の二人が、卒業してから自らの命を絶った。一人は十七歳の夏、もう一人は子どもを三人残して五月の連休であった。本人の苦しみ、家族の悲しみ、途方もなく深いものがある。それでも私は思う。魂がここに残っているなら、本人は死を選んだことを悔やんでいるのではないだろうか。もう一度、時を戻すことができたら、きっとほんとうは『生きたい』って思っているのではないだろうか。

どうかお願いだから、その命を自らの手で絶たないでほしい。今一番近くにいる人に、「助けて！」と言ってほしい。「助けて！」って言うことは、決して負けでも甘えでもない。「助けて！」の声を聞いてもらえなかったら、なんて思わなくていいから。きっと、その声を聞いてくれる人はいる。今日がどんなに苦しくとも、死にたいほどいやになっても、どんな明日がくるかは誰にもわからない。小さな光が見える明日は必ずくる。

言葉では

「ほっといてくれ」 叫びつつ

心の声が

「寂しい」と言う

心と裏腹

「うっさい」「ほっといてくれ」揺れ動く思春期の子どもたちが発した言葉を何度か聞いた。言葉に出さないけど、その目がその言葉を語り、『向こうに行け』と言わんばかりの態度とも出会った。出した言葉や態度はなかなかひっこめられない。

いつだったか、こんなことがあった。対教師暴力が多かった昭和の終わり、君が暴れていた。他の生徒の手前もあってか、若くて何も先のことを考えず向かっていった私の胸ぐらをつかみ、君が言った。「トイレにこい」と。『男子トイレか女子トイレなのか？』なんてわけのわからないことを思いながらトイレについて行くと、「あんなにみんなの前で向かって来たら、俺もひっこみがつかんやろ」と。今から思えば、君の方が大人であったのかもしれない。それからだった。「うっさい」「ほっといてくれ」の後ろに、「寂しい」そんなつぶやきがあることを知ったのは。人間はいくつになっても、言葉や態度が心と裏腹なときがあるからやっかいだ。だからこそ、自分の心にも相手の心にも寄り添わなければならない。

段ボール　震える子犬と　目が合いて
思わず抱いて　もう離されん

子犬

ある朝、廊下で子犬が走っていた。その後を追いかける君に声をかけた。すると、ガード下に五匹の子犬が捨てられていて、いろいろな人に頼み、三匹はもらってもらえた。残った二匹が、君と一緒に登校してきたとのこと。学校で誰かにもらってほしい一心だったそうだ。震える子犬をほうっておけず、抱きしめた君の姿が浮かぶ。

私も君ぐらいの歳の頃、捨て犬をほうっておくことができずに家に連れて帰って、「飼っていいやろう。ちゃんと世話するし、なあいいやろう」とせがんだことがある。私の母親は「だめ、いつか死ぬからあかん」とか「世話するのが大変だからあかん」と言って、首を縦にふらなかった。心の中で、『なんて冷たい母親なんや』と思ったことがあった。自分がその頃の母と同じ年代になると、同じことを子どもに言っていた。生き物を育てることの責任の重さや、大事に育てたペットの死に怯えたり、そのときに子どもが悲しむ姿を想像したりすると、心配ばかりが先に立ち「いいよ」となかなか言えなかった。後日、「二匹の子犬の新しい家がみつかった」と君から聞いて、ほっとした。あのときの母は冷たかったのではない。子を思う優しさだったのだとわかって、何だか嬉しかった。

追いかけて　ひこうき雲の　ひとすじを

あの日の仲間　それぞれの道

ひこうき雲

いつの頃からだろうか。ひこうき雲を見るのが好きになっていた。青い空に真っ白な一筋の道。みつけると嬉しくなってくる。『この雲はどこまで続くのだろうか』『あの飛行機はどこの国まで行くのだろうか』。飛行の跡をひこうき雲にして、下界に教えてくれている。人の生きていく道も自分には見えないが、自分の歩いた跡にひこうき雲のような一筋の道が創られ誰かに伝えているのだろうか。

二年生の学級通信に《ひこうき雲》と名付けたことがあった。それからひこうき雲を見ると、あの時の君は今頃どうしているのだろうかと思うことがある。もしかしたら、ひこうき雲を見ながら中学時代を思い出している君がいるかもしれない。君と君、君と私、同じ教室という飛行機に乗り合わせたのだ。

あれから三十年、今は、それぞれが自分の道を歩んでいる。大きな空のキャンバスに、一人ひとりが描くひこうき雲の軌跡。みんな同じ空の下で生きている。そういえばあのとき、同じ飛行機に乗り合わせた君が勘違いして、一年早く定年退職のお祝いの花を持ってきてくれた。笑い合いながら、今も続くひこうき雲のひとすじが嬉しかった。

見てほしい　みつけてほしい　かくれんぼ
ここにいること　ここにいる意味

かくれんぼ

小さい子どもたちは、よく「見て見て」「聞いて聞いて」と言って、自分のことを見てほしい聞いてほしいとアピールしてくる。大人が今何をしていようが、関係ない。ほんとうに自分中心である。うらやましいくらいである。『見てほしいけど、見てほしくない』大人への階段の半ばにいる思春期の少年も同じである。階段を上り終えた大人だって、心の中には『自分をもっと見てほしい』『私を認めてほしい』という思いがある。

少年センターで君と出会った。君が少しずつ心を開いてくれた頃、君は「かくれんぼをしよう」と言い出し、どちらが鬼かをジャンケンで決めることもなく、すぐに部屋から出て隠れに行った。狭い少年センターなので、あっという間にみつけることができた。みつけられたときの嬉しそうな顔は、十五歳から十歳を引いたようであった。

かくれんぼで隠れることができるのは、みつけてくれる人がそこにいるからだ。かくれんぼは一人ではできない。自分の心が闇の中に隠れてしまったり、友だちが自分の思いを出せずに苦しんでいたりするときに、「もういいかい？」「もういいよ」と声をかけ合いながら、そーっとみつけていくことも大事だ。

いじめられ　母に語るは　遠きこと
なぜに今頃　今言えたから

少年

今から十五年ほど前に、あるお母さんから相談を受けた。「子どもが少年院に行っている。面会に行くと、小学校低学年のときにいじめにあっていたことを話しました。『おまえは助けてくれなかった』と。『なんでそのときに教えてくれなかったの？』と聞くと、『心配をかけたくなかった、気付いてほしかった』と言いました。今頃言われてもどうもしてやれません。前のことばかり言って、あの子は少年院から帰ってきて立ち直れるのでしょうか」と。

少年は過去にしんどかったことを今、母親に話している。そのとき何度も心の中で「お母さん助けて」「お母さん気付いて」と言いたかったのに、言葉に出せなかった。一番大切な人に心配をかけたくなかったのだ。小さい頃の少年の気持ちがわかる。親が子どもに心配をかけたくないように、子どもだって親に心配をかけたくない。そして、十九歳になった今、お母さんにこうして自分の思いが言えた。それはすごいことだと思う。ひとつひとつを振り返りながら、人は次に進むことができる。今頃言われてもと思うより、今言うことができたことで何かが見えるはずだ。立ち直ること、やり直すことは、本人が「ここからスタート」と思えるかどうかにかかっている。周囲の支えの中で、必ずできる。

花よ木よ　実のなるならぬ　それよりも
それぞれに価値　われは咲くなり

それぞれに価値

花や木にもいろいろあって、実のなる花木もあれば、実のならない花木もある。しかし、実のつく方が偉いわけでもなく、実のつかない方が可哀想なわけでもない。それぞれの花木は違う。遅く咲く花もあれば、早く咲く花もある。春に咲く花もあれば、秋に咲く花もある。大きな木もあれば、小さな木もある。何百年も生きている木もあれば、生まれて間もない木もある。ひとつひとつの花木は、一人ひとりの生き方に似ている。実という結果だけを求めていくのはおかしい。実だけに価値を見出すのはおかしい。

道徳の「われは咲くなり」という教材を思い出した。《小さきは小さく咲かん、大きくは大きく咲かん、人見るもよし、人見ざるもよし、われは咲くなり》「それぞれの花には、それぞれの美しさ、良さがある。人が見ていても見ていなくてもよい。ただ自分の花を咲かせる」そんな話であった。ついつい人と比較し自己嫌悪を抱いたり、何でこの子だけと、わが子を追い詰めたりしていることがあるかもしれない。あの子はあの子、この子はこの子。それぞれの歩みの中で進み、自分の花を咲かせようとしている。一人ひとりの君の花に価値がある。それを認め合える家庭、学級、大地でなければならない。

「ありがとう」

「がんばろうね」と　こだまする

心に響く　パーカッション

クリスマスプレゼント

クリスマスの日に、生徒会メンバーの君が楽しいクリスマスプレゼントを持ってきてくれた。なんと、ボディパーカッションとやらの披露である。初めて見たので、かなりびっくりした。拍手と足踏みなどで、身体いっぱいに表現している。何も言葉はないはずなのに、そのパーカッションが、「ありがとう」と響いたり、「がんばろうね」と聞こえてきたりした。まさに《音が生きている》という迫力を感じた。一人の拍手が二人、三人と重なる中で、新しい音として響いてきた。

『全校生徒でしたら、どんなに大きな響きとなるのだろうか』などを想像してみた。音楽に関して全く疎い私だが、よく考えてみると、ここにいる私たちは、同じ時代を生き、みんなでボディパーカッションを響かせているのかもしれない。同じボディパーカッションなら、どこかのようにヤジや机をたたく音より、はるかに温かな拍手と勇ましい足踏みと元気なかけ声がよい。そしてまた、その中で悲しい響きがあったときには、耳を傾け、心を寄せ合うことで、優しさと勇ましさとが響き合い、素晴らしい音がこだまするのだろう。

人生の　「セーフ」「アウト」の　ジャッジは
どこで決まるか　九回の裏

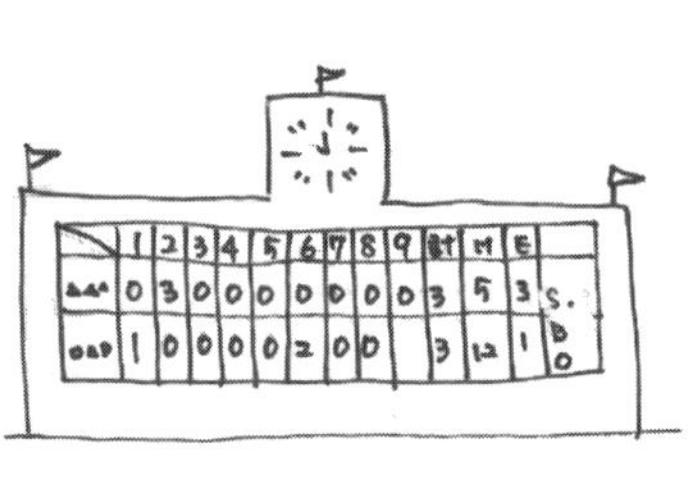

九回の裏

野球部の試合の応援に行った。何とかしたいとボールにくらいつき、何本もファウルでねばっている君。当然アウトだろうという当たりに対しても、懸命にベースまで走り突っ込んでいく君。守備でも追いつけそうにないボールを、決してあきらめることなく必死に追いかける君。ユニフォームはもう真っ黒である。

君の頑張る姿を見て、ふと思う。人生のセーフ、アウトのジャッジは、どこで誰がするのだろうか。万一アウトになっても、次の回はあるのだろうか。試合には勝敗があるけれど、人生に勝ち組や負け組なんてあるのだろうか。勝つと思うこともあれば、負けたと思うことだってある。勝ったり負けたりするのが人生であり、良いときもあれば、そうでないときだってある。セーフやアウトのジャッジだって、誰かが決めるわけではない。自分が決める。自分の人生だから。そして、アウトになったとしても、走る者、前に足を進める者に、次の回は必ずある。人生は九回の裏で終わるわけではない。いつ終わるかはわからない。だから未来に向かい今を走っていく。

がんばった　つなぐバトンに　がんばれよ
ゴールに見える　みんなの心

バトンパス

　中学校の体育祭での最後の種目は、クラスの全員リレーが多い。足の速い君もいれば、遅い君もいる。走ることが好きな君もいれば、いやで仕方のない君もいる。走る順を考えたり、リレーゾーンの二十メートルの上手な活用の仕方をいろいろ考えたりしながら作戦を練る。ひとつのバトンをクラスみんなでゴールまでつなぐために、懸命に走る。特に中学三年生のレースは中学校生活最後の体育祭ということもあり、なかなか見応えがある。走っている君、応援している親や教師にとっては、このグラウンドがあの箱根の山道かもしれない。

「ハイ！」というバトンパスのかけ声は、「頑張った」「次は君の番、頑張れよ」にも聞こえるし、「サンキュー、ようやった」「よっしゃ、後は任せとけ」にも聞こえる。二人のバトンパスだけど、それは二人だけのバトンパスではない。ここまできたバトン、これからゴールまでいくバトン。その中にクラスのみんながいる。学級旗を持って、声をからしてコースの内側を並走する担任がいる。大きな声と拍手で応援してくれる家族がいる。家族の命のバトンパスがあって、今、君はクラスメートにバトンをつなぐことができる。最終のランナーがゴールに向かうとき、割れんばかりの歓声があがる。

めざすもの　ナイスファイト　その声と
守りたいこと　君を強くし

「ナイスファイト！」

うだるような夏の日、それでもバレー部の君は、頑張って声を出して練習をしている。今時の子どもたちだ。できれば冷房の効いている部屋でのんびり過ごしたいだろうに。歳のせいか、孫のような子どもたちを前にして、『どうして、この子たちはこんな暑い日も頑張ることができるのだろうか』と、今まで考えもしなかったことを思った。

ひとつは目標があるからだ。勝ちたい、上手になりたいという目標、めざすものがこの子たちの前にあるからである。もうひとつは、そこに仲間がいてくれるからである。たとえボールが上がらなくても、最後まで必死に追いかけた自分に「ナイスファイト！」と、頑張りを認めて励ましてくれる仲間がいる。これはすごい力となる。もちろん応援してくれる家族の存在もすごく大きい。それに、守りたいものがあるからだ。このコートを守りたい、自分が任されているこの守備範囲を何としても守りたい、共にボールを追いかけている仲間の信頼を失いたくない、自分の中学校生活を大事にしたい。意識はしていないけれど、そんな心がこの子たちを強くしているように思う。「めざすものがある」「認めてくれる人がいる」「守りたいものがある」これらはいくつになっても必要である。

気がつけば　自然と拍手　感動と
感謝が合い　ぬくもりとなり

拍手

一刻も早く会いたくて自然と足早になる。何だか嬉しくて自然と歌を口ずさんでいる。すばらしいと感動し自然と拍手を送っている。この「自然と」が、ほんとうの気持ちを表しているように思う。急ぎなさい、しっかり歌ってください、ここで拍手と促されるのでなく、自分の感情が勝手に身体を動かす。それがほんものだ。「すごい！」「ヤッター！」「よかった！」その思いが拍手となる。右手が感動、左手が感謝、合わせて拍手となる。

「自然と拍手が生まれてくるような学年になればいいね」と、学年集会で話をしたことがあった。学級や学年が自然と拍手が起こってくるような集団になれば、その温かな集団の中で個も伸びていき、その個がまたすばらしい集団を作っていく。考えれば、人はどんなときに手を合わせるか。お願いするとき、祈るとき、「いただきます」のとき、そこに想いがあるときに人は手を合わせる。きっと何とも言えないパワーが出てくるのかもしれない。たまには、自分自身の頭をなでたり、拍手を送ったりしてもよいかもしれない。大人になっても、自分を「いい子」とほめたり、「よくやった」と、自分を称えたりしてもよいのではないだろうか。

時計台　春を刻みて　巣立ちゆく
十五の背に　君の心に

君の心に

「俺、ちゃんとできたやろう。先生、ありがとうな」卒業式を終え、校門で見送る私に、かなりつっぱっていた君が言った。ほんとうに卒業式はなかなかのもので、君の頑張りが伝わった。そのひと言で三年間のしんどさなど吹っ飛んでいった。

巣立つ十五歳の君の心に伝えたくて、こんな詩を書いたことがある。

「君の心に伝えたい　少し君の前を歩いているから見えていることがある　君は大事な大事な宝だよ　誰にも自分の道がある　自分の力を信じるのだよ　あきらめるんじゃないひとつひとつの積み重ねが君の未来を拓く　君の心に伝えたい　君と同じ時代に生きているからわかることがある　君は決して一人じゃない　悲しみや寂しさの隣に君を守ってくれる人がいる　君を大切に想ってくれる人がいる　心に描けば今はしんどくとも昨日と違う今日が必ずやってくる　君の心に伝えたい　大事な大事な君だから心をこめて伝えたい形あるものはいつかなくなる　形は消えてもなくならないものはある　目には見えないものの中に大切なものがある」

たくさんの巣立っていく君を見送れたことは、寂しかったけれどとっても幸せだった。

どこへ行くも　体育館の　この景色
それでも違う　ひとつひとつが

体育館

大阪でも東京でも岩手でも北海道でも韓国でも、どこへ行っても目的地は同じで体育館。懸命にボールを追いかける君。観客席から熱い声援。真夏も真冬もやはり体育館。同じ光景であるのに、いつも違う。コートの中にいたときもあれば、ベンチで指導するときや観客席で応援しているときもある。日本がリオオリンピック出場を決めたときも、滋賀選抜の教え子の君が全日本の選手に抜擢されたから応援に行った。私は体育館でどれだけたくさんの君と出会うことができたか。どれだけ多くの保護者の方に支えてもらったか。どれだけの先生たちと一緒に歩むことができたか。体育館には入りきれないくらいの君とその思い出。

君と出会ったあのときの私の歳をはるかに越した君とも、ずっとつながっている。共にコートで過ごしたのはたった三年間だけの時間だったのに、二十年たっても三十年たってもつながっている。ボールの色もルールもあの頃とずいぶん変わったのに、会いにきてくれたり、連絡をくれたり・・・。どこへ行っても体育館以外ほとんど行っていないが、私には世界旅行より優雅な旅がまだ続いている。ただ世界旅行に行ったことがないので、世界旅行より体育館巡りの方が魅力があるかどうかは、正直定かではない。

君集う　学校っていい　すごくいい
生まれ変わっても　中学教師

学校っていいなあ

「学校っていいなあ、《生きている》鼓動が伝わり、君の笑顔や泣き顔もあるけど、みんなで今を生きていることを実感できる。学校っていいなあ、体育館やグラウンドに響く『どんまい』『サンキュー』という大きなかけ声や、君がくれる感動に心が熱くなる。学校っていいなあ、手を挙げる君も居眠りしそうな君も愛おしい。学校っていいなあ、君が帰った教室から見る夕焼けにロマンを感じる。学校っていいなあ、廊下にたくさんの君の作品、個性があふれほのぼのとする。学校っていいなあ、日本に四季があるように、君の表情にも季節がいっぱいあり、弱虫の君もたくましい君にも未来の可能性を感じ、わくわくする。学校っていいなあ、君と君がふれ合い、つながりやときめきが伝わってくる。学校っていいなあ、君がここにいる」

中学教師の仕事はブラックだと言われているが、決してそんなふうには思わない。確かに大変なこともあるけれど、一人ひとりの君がいる。そのそばにいて君の歩みを見ることができる。君と語り、君と一緒にボールを追いかけられる。私はやっぱり、生まれ変わっても先生になりたい。君のそばにいたい。

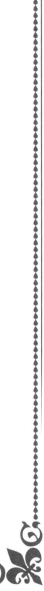

第五章

ひとりひとりの君の心に　よりそいて

～先生もきらめきながら～

歳月と　ともに輝き　時とともに
薄れしものも　心の奥に

記憶を超えて

人間は良くも悪くも、いつか記憶が薄らいだり忘れたりする。忘れるから、前に進むことができる。忘れるから、何度も何度も繰り返して学習しなければならない。年齢を重ねると、覚えることより、はるかに忘れることが多くなる。名前が出てこない。「あれ」「これ」などが多くなる。不思議なことに、大切な思い出は歳月とともに美化されてしまうことがある。中高時代の思い出は躍動感とロマンに満ちている。

ところが、幼稚園や小学校の頃の記憶はかなり薄れている。それでも、あの頃の遊びや体験は、記憶云々より、はるかに尊く深いものがあるような気がする。記憶を超えて自分の中に浸み込んでいるのだと思う。中学校に勤めていたときは、心ゆれ動く時期の教育や出会いがどんなに大切かと思っていたが、就学前教育に携わり、その重要性を痛感した。家の人と離れ自分の一歩を踏み出すこと、友だちと楽しく遊ぶこと、自分の思いをわかってもらうために言葉で伝えること、順番や約束があること、絵本を読みながら思いをはせること、多くの動植物に触れ全てに命があると知ること・・・どれもが人として大事なことばかりである。それらは記憶を超えて、心の芯に残っている。

毎月に　思いめぐらせ　愛おしく
君のこの月　大事にするよ

季節を感じる声かけ

季節を感じる子どもたちへの声かけは、とても大切である。月初めには詩を作り、よく掲示していた。五月（皐月）と七月（文月）の間の六月（水無月）にはこんな詩を。

みなちゃんが寂しそうにつぶやく
「私、雨が多いからみんなに　嫌われているのかな」
さつきちゃんが優しく答える
「そんなことないよ　大好きだよ　あなたのこと幸せ月って呼んでいるよ
いつもが大事　どの季節も大切だよ」
ふみくんも力強く言う
「君が大地をうるおし　ぼくにバトンを渡してくれる
君がいなくちゃ　次がないのだよ」
みなちゃんうれしくなって元気な声で言う
「みんなありがとう」

その月に思いをはせると、十二の月が愛おしく感じられる。今月も大事にしたい。

ダメダメで

伝えられない　響かない
そっと想いを　言葉に添えて

ダメだけではダメ

子どものイヤイヤ期があるように、大人にもダメダメ期があるのかもしれない。でもダメダメと注意しているだけで、子どものほんとうの力になるのだろうか。「そんなことしていてはダメ」「今は忙しいからダメ」「人に迷惑をかけてはダメ」「悪いことしたらダメ」ひどいときは「あんたは何をやってもダメ」もう一回、自分の心に問いかけてほしい。ほんとうにダメなのか、ダメのひと言ですませてよいのかを。

良いことと悪いことが十分に理解できていない小さい頃に、ダメなことをしっかりダメと教えることは大切だ。でもある程度の年齢になれば、ダメなことはわかっている。それでもやってしまっている。ダメだけでなく、そこにもうひとつ想いを添えていくことも大事だと思う。「工事中のところに入ったらダメ」＋「工事している人は、みんなのために頑張ってくれているね」。「授業中おしゃべりしていたらダメ」＋「これがわかるともっとおもしろくなるよ」。「そんなに投げやりになってはダメ」＋「大事な君だから」。その子の想いに寄り添い、その子を大事に思う気持ちを伝えていくと、少しずつ心に届いていく。

その時が

はじめの一歩　ゆっくりと

踏みしめながら　次への一歩

はじめの一歩

「子ども・子育て支援新制度」のスタートのひとつとして、認定こども園への移行推進が行われている。勤務していた幼稚園でも保育所と一緒になり、こども園として新たな一歩を踏み出すこととなった。何度も何度も幼稚園と保育所が話し合いながら進めてきたが、それぞれの今までの歴史や文化があり、言葉ではわかっているつもりがわかり合えないこともあった。まるで、親同士が決めた結婚のようである。そして、子どもはもうそこにいる。親同士が決めた結婚が悪いとは限らない。私たちは目の前の子どものために何ができるのか、何をしなくてはならないのか。

幼稚園と保育所のふたつの砂山をひとつにするときに、大きな山を急いで作るより、わかり合えるところまでをしっかり踏みしめていき、そこから少しずつ積み上げて新しい山をつくる方がいい。子どもたちがみんなで力を合わせて砂山をつくるように。

こども園としてのはじめの一歩である。いろいろなことがあってあたりまえ。それでもみんなの願いはひとつ、子どもたちの笑顔と健やかな成長。保護者の方や関係機関や地域の皆さんと、みんなで一緒にはじめの一歩を踏みしめる。次に続く一歩を。

遊びこそ　みんなの心　育みて
夢中になれる　遊びは学び

遊びは楽しい学び

小さい時から、実行はできなかったが、やたら計画や目標を立てるのが好きだった。テスト前などは、計画を立てただけでテスト勉強が終わったような充実感を得ていた。年初めに立てる目標は決して具体的なものではなく、「光る」「笑顔」「自己変革」など、とうてい達成できたか否か測れない目標が多かった。そんな中で一番充実して過ごすことのできた一年に立てた目標は、「遊ぶ」であった。「遊ぶ」という目標を達成するためには、遊ぶための時間をつくらなくてはならない。そのためには、けっこうやらなければならないことを集中してできたように思う。

そして、就学前教育に携わり、本当に遊びの大切さを学んだ。子どもたちは遊びながら友だちをつくり、遊びながら会話が生まれ、遊びながらルールを作っている。遊びこそ楽しい学びである。勉強がいやという子どもはいても、遊びがいやという子どもはほとんどいないだろう。楽しく遊ぶ中に楽しい学びがある。勉強が好きな子どもは、勉強そのものが遊びになっているのかもしれない。楽しいから意欲も出てくる。「楽しい」「好き」「やりたい」その心が新たな発見を生み、大きな成長につながる。

許すまじ　差別の壁を　解き放て
人が変われば　未来が変わる

解放

高校時代に、十分理解できていなかっただろうが、与謝野晶子さんの「君死にたまふことなかれ」の詩を読みながら、何度も何度も涙が流れた。日露戦争の真只中で、戦争に反対する気持ち、大事な弟を想う心をこの詩に託されたという。

子どもが歩く前の石ころ全てを、危ないからと大人が取り除いていくのはどうかと思う。子どもが自分で取り除く力や、たとえつまずいてもその痛みを知り、起き上がる力をつけることも大事だ。また、よほど苦しかったら休んだってよいと思う。子どもの前の石ころは、子どもにとって必要である。しかし、子どもの前の大きな岩は子どもの力だけでは乗り越えられない。それが戦争であり、差別である。人々の命を奪うものが、なぜみんなで生きているこの世からなくならないのか。わが子が誕生した喜びの中で、なぜこの子が差別に遭いませんようにと強く願わなければならないのか。まだ、差別が残っている現実があるからだ。いつか、「昔は戦争や差別のある社会があった。みんなの力でなくすことができた」と、言える世の中にしていかなければならない。人が変わらなければ、未来は変わらない。大きな岩は大人が砕かねばならない。

君帰り　教室戻り　残り香が
大事なことを　教えてくれる

放課後の教室

学級担任をしていた頃、放課後になると、真っ先に部活へ。そして、部活が終わり、職員室での仕事も終えると、誰もいない学級に行く。君たちの机を板目に合わせながら、一人ひとりのことに思いをはせる。机の落書き、ちょっとした紙切れ、誰にも言えない君からのメッセージをたまに目にすることがある。

飛行機事故で亡くなられた向田邦子さんの墓碑銘には、森繁久彌さんが向田さんのために贈った《花ひらき　はな香る　花こぼれ　なほ薫る》の挽歌が刻まれている。多くの方に慕われ、多くの方の心の中にいつまでも残っている、そんな思いが伝わってくる。

その人が去った後も、その残り香が私たちに何かを教えてくれることがある。君が教室にいる時は、君の表情やつぶやきが、私たちに伝えようとしている。君が帰った後の教室も、何かを教えてくれていることがある。君が帰った後、必ずもう一度教室へ行くことは、担任として大事にしたいことである。そして朝一番の教室もよい。おはよう黒板など、クラスの君への担任からのメッセージを書く。登校して教室に入れば、誰もが目にする。あったかい担任の言葉で学校生活の一日が始まる。

何をもって　現場というか　見失うな

今ここそが　その場所なり

現場

二十八年間、中学校で勤務し、次の異動が少年センターであった。非行少年等の立ち直り事業のスタートの年で、教員の配置が必要となったとのこと。それでも私は、かなりのショックを受けていた。教育長と話す機会があり、なぜ自分が少年センターに異動になったのかを聞いたところ、「父性と母性をもっているから」と言われたが、自分としては、納得しきれない新しい職場でのスタートとなった。

新しい職場に慣れてきた頃、「子どもたちの声が聞こえる現場でないことが寂しい」と同僚に言うと、さりげなく「ここも現場だよ」と言われた。そのひと言が、自分の中の思い上がりのようなものを打ち砕いた。教師にとって学校現場が現場の全てだと、当時の自分には見えていたのだと思う。自分の今いるここが現場である。たくさんの君の声が聞こえなくても、本当にしんどい君の声や悩んでいる保護者の声を聞く場所がここである。学校や家庭に戻ろうとしている君がここにいる。新しい職場を探そうとする君がここにいる。もし、学校でなくても、直接には君の声が聞こえない場所であっても、間接的にでも君の力になれるなら、やはり教師にとってそこは現場である。

チクタクと
振り子時計に　振られずに
心の刻み　静かに聴いて

振り子時計

君の心に寄り添い、君のつぶやきを大事にできる教師でありたいと思っていたが、自分は実際にどれだけのことができていたのだろうか。少年センターに勤めていた頃、そんな話を職員でしていた。すると所長から投げかけられた言葉に、考えさせられた。「揺れ動く子どもの心を振り子時計とする。どこに寄り添えばよいのかな?」右に左に揺れ動いている振り子。『寄り添うのは、子どもと一緒に右に行ったり左に行ったりすることなのだろうか』自分の中で考えていたが、なかなかわからない。すると、所長が「振り子時計の支点にいることも寄り添うことになる」と。なるほども支点にいるから、子どもの揺れを見ることもできる。子どもと一緒に大人も右に行き、左に行って右往左往すれば、子どもにとっては、かえって不安だろうし、それこそ子どもがよく言う「うっとおしい」存在になってしまうのかもしれない。

形だけ寄り添うことや、「わかっているよ」の言葉だけなら、子どもは何の安堵感も抱けないだろう。子どもの心が刻む音をしっかりと聴いてこそ、ほんとうに寄り添うことができる。

このボール　どこに出すべき　その子見て

上げる喜び　上がらぬ悔しさ

「もう一本!」

バレーボールは、どれだけボールを拾うことができるか、つなぐことができるかが勝敗を分ける。そして、レシーブが上手になるには、指導者が目の前の君をしっかり見て、どこにボールを出すかが大きなカギである。簡単すぎるボールを出すと、君にとっては達成感やおもしろさもなく、かえって雑なプレーになる。だからと言って、途方もなく遠くに出すと最初からあきらめて一歩も足が出ないときがある。懸命に走り込み、手が届くか届かないかのときに、上げたときの喜びがある。必死にボールにくらいついたときに闘志が湧いてくる。だから上げることができないと、くやしさが込み上げる。そして、君は思わず言う。「もう一本!」。試合にもう一本はないが、練習にはある。このもう一本の積み重ねこそが、君を上達させ、強くさせるのである。

これは、決してバレーボールだけに言えることではない。子どもへの課題を与えるときも同じである。その子どもを伸ばしたいなら、出す課題を考えることだ。一人ひとり違う。その子をしっかり見なければ始まらない。そして、それぞれに違う課題を出しても、認め合える集団をつくることが大事である。それが信頼関係だ。

忙しい　言い訳にして　見えてない
大事なことは　君が一番

君が一番

小学校の高学年の頃、「尊敬する人は？」の問いに、「ジャクリーン・ケネディ」と答えていた。ケネディ大統領の本の中で、子どもが高価な花瓶を割ってしまう場面があった。子どもを叱る大統領にジャクリーン夫人が、「私が悪いのです。子どもの手の届く所に大事な物を置いたのは私です」この言葉にすごく感動し、私の中で尊敬する人となった。子どもの責任にせず、自分のやるべきことや責任をしっかり見極めようとしていることに心打たれた。

教頭になったばかりの頃、授業に入れない君らが、よく職員室に来ては、書類を触ったり、職員室にいる教師に何やかんやと話したりしていた。君らが行った後、「これではなかなか仕事ができないなあ」とつぶやくと、ある先生が「でも僕らの一番の仕事ってあの子たちのことですよね」全くその通り。今一番大事なのは、目の前にいる君である。授業に入れない君が職員室に来ているのは・・・無意識の中にも伝えたい思いがきっとある。事務的な仕事は、君が帰った後でもできる。忙しいと言い訳しながら、自分の今やるべきことが見えていなかった。昔読んだ本がどういうわけか脳裏をよぎった。

育むは　あったか心　見守りは

みんなの力　子にも力を

見守り

子どもは、家庭・地域・学校・・・それぞれの点だけで生きているわけではない。保育所・幼稚園・小学校・中学校・・・線の中で成長しているだけでもない。大きな円、大きな球の中で生きている。だから点や線を結ぶ校園所の先生たちの連携も大事であるし、家庭・地域・校園所の信頼関係も大切である。

幼い子どもが事件や事故に巻き込まれることが多く、大人の見守りがとても大事になってきている。寒い日も暑い日も変わらず、地域の方が登下校のときに見守ってくださっていることがとてもありがたい。こんな国は他にあるのだろうかと、大きな感謝である。ただ、子どもたちがそのことに甘え過ぎてはいけない。横断歩道でいつも旗を掲げてもらっていると、子どもたちが自分で信号や車を確認していないことがある。子どもたちが自分の目で安全を確認したり、助けを呼ぶ、危機を回避したりする力を身に付けていかなければならない。そして、何よりも加害者をつくらないことが、被害者をつくらないことになる。そのためにはやはり、子どものあたたかな心を育む声かけや、それぞれの保育・教育の充実、校園所・家庭・地域の連携・信頼が大切である。みんなで見守り、子どもに力を。

ほっこりと　君守らんと　包み込む
キレるな切るな　つながりの糸

つながりの糸

「キレる」という俗語が生まれてから、何年になるだろうか。「すぐキレる若者」と当時は言われていた。その若者も、とうに大人になっている。しかし、「キレる」という言葉はなかなか死語にはならない。ストレスが多い社会だからなのか、それとも人間が繊細というかなか細くなっているのだろうか。ついついイライラが爆発してしまったり、思うような結果が出ないと、その原因を誰かのせいや、何かのせいにしてしまったりする。カッとのぼせあがって行動すれば、後悔することが多い。ほんとうに大事なものが見えなくなってしまう。守ってくれる人、包み込んでくれる人がきっとそばにいるのに、その人の存在すら見えなくなっている。

子どもだけじゃない。大人だって一緒だ。大人だから、少しは我慢しなくてはと思いながらも、イライラ虫がおなかの中を駆け巡ってしまうことだってある。子どもも大人も、ほっこりする場所や『まあいいや』と思ったり、「ぼちぼちいこうか」なんて言葉も必要だったりするのかもしれない。守られるのは子どもだけではない。大人だって守ってもらっていい。だから「キレるな、切るな、つながりの糸」である。

よく見よう　心に届く　信号機

止まってくれて　ありがとうの声

黄信号

どの君にとっても、かけがえのない中学校生活である。君の中学校生活も友だちの中学校生活も大切にしていこうと、家庭や学校などいろいろな場で学んでいる。しかし、学校の全ての君が、毎日落ち着いて学習しているか、日々みんなが穏やかな心で前向きに中学校生活を送っているかといえば、決してそうではない。揺れ動く心を抑えることができずに、感情が態度や行動に出てしまう君もいれば、自分の思いをうまく表現できずに人間関係で悩んでいる君もいる。学校に行くことがしんどい君だっている。中学生のアクセルは強過ぎて、スピードが出て突っ走るのも速いが、あっという間にガソリンがなくなって落ち込むのもかなり速い。そして、ブレーキは大人ほど利かないことが多い。

そんなときは、大人が信号機にならなければならないことがある。「もうすぐ赤信号になるよ」「少しスピードを抑えて」「ゆっくり休んでいてもいいんだよ」と、合図を送る黄色の信号が大事かもしれない。そして、しっかり止まれたときや減速できたときは、「止まってくれてありがとう」「待っていてくれて嬉しいよ」「よく気が付いたね」と、君の心に届く声の出る信号機なら、なおいい。

「ただいま」の　君の声待つ　人ありて

『命《ぬち》どぅ宝』　忘れるなかれ

ただいま

何が起こるかわからない世の中である。一番安全であるべき学校で、八人の子どもが亡くなり十五人が重軽傷を負った、大阪教育大学附属池田小学校の悲惨な事件。子どもたちはどんなに恐かったであろう。先生たちの混乱、嘆きはどんなであっただろう。「行ってきます」と元気よく学校へ出掛けた子どもが、帰ってこない。子どものいつもの「ただいま」の声が聞こえない。どんなにご家族は悔しくて悲しかっただろう。大事な大事なわが子を信じがたい理不尽な事件で失った親御さん、幼い頃のあの恐怖や傷が癒えることなく大人になっていったあの日の子どもたち。その方たちの思いを察するだけで苦しくなる。何より、大事な大事な命を奪われた子どもたちは、どんなに無念であっただろう。

どうかどうか、「行ってきます」と出掛けたら、「ただいま」と元気に帰ってきてほしい。そして、何より、私たちは「おかえりなさい」と迎えられる、平和で安全な社会をつくっていかなければならない。『命どぅ宝』沖縄の修学旅行で学んだ言葉が心にしみる。

秋の道　母の歩みに　寄り添いて
見守られた日　今度は私

ほんとうの教育

ある朝、街の中でこんな光景と出会った。シルバーカーを押しておられるご高齢の方と、その背を見ながら娘さんらしき方がそっと寄り添い歩いておられた。ご高齢の方をとても大事に思っておられるであろう視線を、娘さんから感じた。

もしタイムマシンで五十年ほど前に戻ることができるなら、シルバーカーを押しておられるお母さんは、きっと二十代か三十代。歩き始めでどこに行くかわからないわが子の背中を追いかけながら、笑顔で見守っていたことだろう。長い時間を経て、今度は娘さんがお母さんを見守り、ゆっくり歩いておられる。もしかしたら義理の母子関係かもしれない。血のつながりはなくても、実母にしてもらったことを義母に返していく。《おたがいさまの心》で自然とつながっている人と人。

これといった記憶があるわけではないけれど、遠い日に自分が受けた愛を、無意識のうちに自然な形で返していく。ほんとうの教育は、記憶にも記録にも残らず、自然体でできていくことかもしれない。

第六章

ひとひらの心に　命をつなげて

～家族や自分のことを振り返りながら～

ひとひらの　雪に想いを　託しては
命つなげて　祈る幸せ

天国からの手紙

「雪は天国からの手紙」と、祖母が亡くなった十九歳の冬に聞いたことがある。それからは、雪が降るとこの言葉を思い出す。先に逝った人たちは、どんな手紙を私に託してくれているのだろうか。

そして、私はわが子にどんな手紙をこれから託すのだろうか。きっと文字にできない、言葉にならない中で、ふたりの子どもの幸せをただひたすらに祈っているだけだと思う。大事なことを伝えたいと思いながらも、ほんとうに大切な人には伝えたい文字も言葉もみつからない。こんなに詩や物を書くことが好きだったのに、大切な人に託したい手紙はずっと白紙のままかもしれない。ただ幸せを祈る。それだけだ。

先に逝った人たちも、そんな想いなのだろう。だから、文字もなく言葉もなく、天国からの手紙は真っ白なのかもしれない。そして、手のひらでつかまえてもすぐに解けてしまう。それでもそこに祈りだけ残っているように思う。祈りほど深い想いはない。わが子への想いほど深いものはない。

先生と　コートで出会い　先生に
ボールをつなぐ　我が半世紀

恩師

小さいときから、好奇心旺盛でいろいろなことに興味があり、やりたいことはいくつもあった。まず映画を見て女優、本を読んで小説家、ドッジボールと鉄棒が大好きで体育の先生、東京オリンピックにひどく感動してオリンピック選手。結局高校進学のときは、バレー熱が出て、初心者にもかかわらずバレーの強豪校と決めた。

入部して、自分の技能の低さや不器用さを思い知った。初心者の多い学年で、上手な後輩が入部してからは、次々と仲間は退部し、最後はマネージャーと私だけになった。それでも先輩にかわいがってもらい、優しい後輩に助けられ、続けることができた。下手な私は先生から毎度叱られていた。先生から厳しく叱られながら、大事にしてもらっていることは伝わっていた。バレーボールを通して、人として大切にしなければならないことを教えてもらったように思う。先生みたいな先生になりたいと、体育教師の道を選んだ。先生との出会い、バレーボールとの出会いが私にとって大きなものとなった。娘も私と同じ先生に教えてもらいたいと、その先生のいる高校へ進学した。親子共々の大事な恩師である。この先生とバレーボールの出会いが、私の四十二年間の教師生活の土台となった。

十円玉　ひとつあればと　詩を綴る
今や携帯　ポエムはあの日

十円玉

「もしも十円玉がひとつあったら　かどのタバコ屋の赤電話から　あなたのやさしい声が聴きたい　もしも十円玉がふたつあったら　学校の前のポストからあなたへの手紙を送りたい　もしも十円玉がみっつあったら・・・」。なんて詩を書いていた遠き昔があった。少女漫画の世界にはまっていたような気もするが、今では全く考えられない世界だ。

　家に電話がついたのは、高校生くらいのときだったたと思う。好きな人はいたが、全く電話する勇気はなく、受話器を押さえながら何度かダイヤルを回していた記憶がある。あの当時は子機がなかったのか、コードをやたら長くしてもらい、自分の部屋まで持って行き、友だちと長電話しては叱られていた。大学時代は、親元を離れていたので、小銭を持って公衆電話から家にかけていた。真夏の公衆電話の暑かったこと。今では考えられないことばかりであった。

　だけど、この電話ひとつをとっても、あの当時はもっと《間》があった。この《間》が、けっこう情緒というかおもむきというか考える時間であり、ポエムになる空間であった。今の子どもたちにも、もう少し《間》があってもよいのではないだろうか。

しぼむ花　我を重ねて　もうだめだ

友が水替え　よみがえるポピー

ポピー一輪

大学時代に、かなり落ち込んでいたことがあった。部屋にはポピーの花が一輪あり、その花もしおれてしまいそうで頭を下げていた。「私と一緒だ」その花を見ながら思わず友につぶやいた。あくる朝、目覚めるとポピーの花が元気になっていた。「えっ」とびっくりしている私に、友が言った。「水を替えただけだよ」そのポピーの生命力にびっくりした。『自分も元気を出さなくては』と思った。落ち込んでいる私のために、そっと花瓶の水を替えてくれた友に感謝している。「震災後、何もなくなった庭に再び花が咲いた、崩れたコンクリートの隙間から花一輪が顔を出した」。こんなニュースがあると、この日のことを思い出す。自然の生命力にびっくりしてしまう。

好きな絵本に『おさびし山のさくらの木』というのがある。大切な友が亡くなったときに出会った絵本で、読んでいると涙が出てくる。旅人が桜の木に「散らない花はあるのですか」と聞くと、桜の木が「咲いた花は必ず散ります」「短いけれど命の旅を旅して、再び命の元に帰っていくのです」と。《命はめぐりめぐるものである》と、この絵本は伝えている。しおれた花も水を替えてよみがえる。たとえ命が終わっても、何かを残していく。

指折りて　生まれる多く　風呂の中
忘れる多く　パソコン向かい

思いのまま短歌

いつからだろう。このようにして「五・七・五・七・七」の短歌を真似て思いを綴り始めたのは。その当時のひとつが、メモの中から出てきた。「死たるあと　残こせしものは何もなし　わからぬままに　よむ短歌真似」四十歳になった頃に書いたものだ。ちゃんと自覚があったのか、よむを詠むとは記していない。

あれから二十年は過ぎたのに、何の勉強もせず短歌風に自分で勝手に今も創っている。その多くは大好きなお風呂で創る。その日を少し振り返ったり、明日のことを少し思ったりしながら指を折って、五・七・五・七・七と数えながら湯船に浸かっている。いい湯かげんは、あったかいお湯だけでなくアイデアが溢れているときだ。ほてった身体に心もほてって、『これはなかなか面白い』などと、錯覚と自己満足にも浸りながら楽しんでいる。これは残そうと思いパソコンに向かうと、すっかり忘れている。言葉は生きている。生きている言葉をつなぐことが面白い。私は、「ああ言やこう言う」とよく言われた。ああ言いこう言いのありのまま、思いのままの自己流短歌である。

忘れ物

みつからずとも　いただいた

想い忘れず　誰かに伝え

忘れ物

他の多くの動物と比べ、人間の平均寿命はどうして長いのだろうか。人間はよく忘れ物をする、その忘れ物をとり戻すための時間？　人間はたくさんの人の支えの中で生きている、そのご恩を返すための時間？　人間は知らず知らずにどこかで誰かを苦しめている、その償いのための時間？　私は、ほんとうにたくさんの方のやさしさや大きな心で包み込んでもらって、ここまでくることができた。そして、とうに人生の折り返し地点を過ぎている。私が残りの人生でしなければならないことは何だろうか。

高校生のとき読んだ三浦綾子さんの『氷点』に「一生を終えてのちに残るのはわれわれが集めたものでなく、われわれが与えたものである」という言葉があった。「あくせく集めた金や財産は誰の心にも残らない。しかし、かくれた施し、真実の忠告、あたたかい励ましの言葉などはいつまでも残る」という意味だと。私が与えたものはわが子の命かもしれないが、それもわが子がこの世に誕生したいと頑張ったからで、私だけが与えたものではない。「与える」「返す」と言うことすらおこがましい。人生の忘れ物がみつからなくても、今までいただいた潤いややさしさを少しでも誰かに伝えることができれば。

父母の愛　今さらながら　感じいる
わが人生の　夕暮れ時に

父母の愛

とりあえず小さい頃からおてんばで言葉遣いも悪く、兄のように勉強もできず、やさしいことも言えず、いつも飛び跳ねていた。母親は厳しく、父親はどちらかと言えば温厚であった。その父親から、一度だけ手をあげられ叱られたことが記憶に残っている。近所の小さい子どもたちと「忍者部隊月光」ごっこをしていて、少し離れたところまで冒険していた。夕方、帰ってきてから頬を思い切り叩かれた。みんながどれほど心配してくれていたか、後からわかった。

母親に叱られるのは毎度のことだったので、かえってあまり記憶にない。中学のときの家庭訪問の後、母親が私に言った。「あんたは中学校で何をしているんや。お宅の娘さんはボス的な存在で・・と言われた」と。ドラえもんのジャイアンみたいなことをしていたのだろうか、それも記憶にないのだが。いつも厳しい母親が、私が東京の大学に行くとき、バス停ですごく泣いていたのを思い出す。寮生活が始まってから、父親から毎日のように葉書が、母親から週に一度以上は手紙が届いた。何やかんやと言いながらも、私は両親に大事に育ててもらったのだと今さらながら感謝する。

空ながめ　流れゆく雲　いずこへと
あの山越えて　我の頂

山の頂

空をながめていると、雲がどんどん流れていく。あの雲はどこまでいくのだろう。あの山も越えていく。小さい頃に電車に乗ったときのことを思い出した。外の景色がどんどん変わっていく。山や川や家・・・どこまで行って帰ってくるのだろう。本気で思っていた。小さい頃はみんなそんなふうに思っているものだろうと周りの人に聞いてみたが、そうではないとわかってびっくり。そういえば小学校の低学年の頃、明日は版画の用意と言われたのに、ハンガーを持って行ったのは私だけだった。目に映るもの、耳にするものがそのまま消化されず、考えるということなくお腹の中、頭の中に入っていった。

あの頃に戻れば、流れる雲はあの山を越え、私の頂まできてくれるだろうか。遠くの山の頂上は見ることができても、自分の頂を自分で見ることは難しい。「めざすべきは自己の頂点、昨日の自分を超えよ」と言っていたが、なかなかこれは容易ではない。途中で挫折もするし、ここが頂点とたどり着いたと思っても、さらに山道は続いているかもしれない。できるならば流れる雲に乗って、自分の頂を見下ろしてみたい。そんなに高くはないはずだ。

朝がくる　その喜びに　気付かずに
今日も一日　流れゆくかな

朝がくる喜び

晩年の父親の日記は、「今日も朝を迎えられた」ことへの感謝の思いがいつも書き出しにあった。明日の朝が迎えられないかもと思うと、眠りにつくことすら怖いと思う。いや怖いという感情を越えていたかもしれない。病気と共に生き、病気と闘っている人は、毎日毎日、そんな思いで過ごされているかもしれない。母は長い間車椅子生活だったので、しんどくなると「死にたい」と口にすることがよくあった。

父の朝を迎えられることへの感謝、母の「死にたい」のつぶやき、かなり違うようだが、何か通じるものがあるように思う。元気に生きたい。子どもに苦労をかけたくない。いろいろな思いが感じられる。今、健康でいる者もいつその日、最後の日が訪れるかわからない。命が永遠でないことは誰もがわかっているのだが、私を含め多くの者が、朝が来ることの喜びを実感することなく、今日も一日が流れていっている。それが寂しいことなのか、幸せなことなのかわからない。いつものように朝がくるありがたさや大切さに気付かないのは寂しいことかもしれないが、そんなことを考えないくらい平穏で穏やかに過ぎる一日を迎えられているなら、それはそれで幸せかとも思う。

ありがとう

過ぎゆく年に　頭下げ
出逢える年に　思いをよせて

ありがとう

実家に帰り、父母に「無理せんときや」と言うと、父親がよく「もう無理もできんわ」と言い、母親は必ず「気つけてな」と、娘の心配ばかりをしていた。どんどん小さくなる父母を見るにつけ、寂しくてならなかった。それから何年かたった年の暮れのことだった。とうとう寝たきりになってしまった父親が私に言った。「もう何もできひん、できることはお礼を言うことだけや、ありがとう」聞き取りにくい声だったが、そんなふうに言ってくれた。年が明け、父親は四十年前に逝った祖母と同じ日に亡くなった。きっと、祖母が息子に「ようがんばったなあ、もうこっちにおいで」と連れて行ったように思えた。

父親は毎日毎日、日記を書いていた。亡くなったあと読み返しても、そこには日々への感謝の思いや、子どもと孫の心配ばかりが書いてあった。年老いる毎にどんどん父親の字は読みにくくなっていたが、涙なくしてその日記は読めなかった。私の方こそ、「ほんとうにありがとうお父さん」。過ぎゆく年に残した父親の言葉、新たな年に祖母と再会できた父親。そして今は母親とも。今頃、二人は相変わらず口喧嘩をしているのだろうか。

我が事を　自分でできる　喜びを
いつか感じる　切なさともに

いつか

いつものようにお風呂に入って、シャンプーをした。自分でシャンプーができる。お風呂に入ったり、トイレに行ったり、食事をしたり誰の力も借りずにできる。そのことに対して何も思わなかったが、どんどん歳をとってくると、あたりまえにやってきたことさえできなくなるかもしれない。

長い間車椅子生活をしていた母親が最期まで言っていたことは、「もう一度、自分の足で歩きたい」だった。わが子が歩いたとき、あんなに大きな喜びを感じたのに、自分が自分の足で歩いている喜びを感じたことがなかった。頭ではわかりながらも、あたりまえのことに喜びを感じていない。もしかして、すごくもったいないことをしているのではないかと思えてきた。なくしてからそのことの大切さを実感するのだろうが、せめて今、あることの幸せやできることの喜びを、少しでも感じられる自分でいたい。そうすれば、毎日を大事に過ごせるような気がする。

思いはせ

大切な人　見守られ
今ある自分　ここから一歩

家族

この五年間に父が亡くなり、夫が突然逝き、母もこの世を去った。もう一度会いたい。声を聞きたい。せめて「ありがとう」の言葉をしっかり伝えたい。どんなに見守ってもらい、自分はここまで生きてこられたのだろうか。小さい頃から無鉄砲で、親には随分と心配をかけた。大学時代に恩師からいただいた私の色紙には、「野生」と書いてあった。『なんだこりゃ』と思ったけど、やはり野生児のまま大人になったようなところもある。

結婚してからも、夫にも子どもにも妻らしいことや親らしいことなど、ほとんどできなかった。子どもには寂しい思いをさせてきた。そんな中で義父母に、どんなに支えてもらったことか。仕事をしながら父母の介護をし、見送ることができたのは、ほんとうに兄と義姉のおかげである。夫が亡くなったとき義弟妹が支えてくれ、自分たちも悲しくてならないのに子どもたちが私の心配をしてくれた。いろいろなことがあった。それでも四十二年間の教師人生を全うさせてもらい、ここにいることができるのは、家族と、ほんとうに多くの方に支えてもらったからである。ここから小さな一歩を踏み出し、自分にできることをみつけ、少しでも『ありがとう』の想いを伝えていきたい。

届けたい　君と出会った　あの場所に
大切な人　本ができたら

もう一ページ

「私が死んだら、お葬式にきてくれた人に香典返しとして、自分が作った本をお返しするのもよくない？」と娘に話をした。しかし、その日が来ても香典もいただかない予定だし、やはり、自分が死ぬより前に、自分の手でこの本を届けたい場所がある。届けたい人がいる。届けたい場所は大切な一人ひとりの君と出会えた中学校、少年センター、大事なあの子と出会った幼稚園である。届けたい人は家族や友人やお世話になった仕事仲間である。そして、最初の一冊をそっと届けたい場所と人は、わが家と実家の仏壇である。

かけがえのない出会いの中で、感じたり考えたりしたことを、自然のままここに綴らせてもらっている。綴りながらあの日のことやあの場面が甦ってくるのは、けっこう楽しい時間である。そして、もうひとつの楽しみは、こうして、この本ができたらこの人に、あの人に届けようと、思い描いているときだ。相変わらず計画を立てるのが好きな私は、原稿より先に届け先リストができている。まだまだその日は遠いけれど、宝くじと一緒で思い描いているときが幸せな時間かもしれない。さあ、今日ももう一ページ。

この知識　世界面積　考えたら

いかに小さく　Ａ４サイズ

ええよんサイズ

仕事を終え、本づくりに踏み出したときに、何をどうしてよいか全くわからず、とりあえず自分で調べ、いろいろな出版社から資料を頂いたり、話を聞きに行かせてもらったりした。どこもほんとうに丁寧に対応してくださった。そして、見聞きしながら、「ふーん」「なるほど」と初めて知ることばかりだった。考えてみれば、ずっと教師生活しか知らない。それすらも全部を知っているわけではない。いかに自分の知っていることが小さいかと思った。世界面積から考えたら、私の知識は、目の前の用紙のA４サイズにも満たないように思う。いつもの前向きダジャレでいくなら「ええよんサイズ」か「あたしの幸せサイズ」ということで、これでよいのかもしれないが・・・。

もう少しいろいろなことを学んでおいたらよかったかと思い、クイズ番組を見るが、スーッと入ってサーッと消えていく。やはり自分の足や目で直接確認してこそ身になる。私にとっては、知ることより感じることの方が楽しい。出版社を訪ね、生まれて初めての駅に降りる。違う空気を感じることができる。本を作ることをしなかったら会えなかった人に会うことができた。本づくりが新しい出会いをくれた。

卒業を　重ねて人は　人になり
我が歩みには　多くの支え

卒業

ずっと学校にいたからかもしれないが、《卒業》という言葉が好きだ。人は、生きていく中で、幾度かの卒業がある。卒業式という儀式が行われる場合もあれば、心の中で何かから卒業するという決意や決別の場面のこともある。次に向かうという覚悟のときのようにも思う。それらを重ねて人は成長し、さらに大きくなろうとしているのだろう。だからその場面は厳粛であり、感動であり、ぬくもりと寂しさが交差している。心の中では、卒業するまでの自分の歩みを振り返り、卒業後の自分の道を見出そうとする。

私は今、仕事人生を卒業した。卒業できたのは、自分のまわりに数えきれないほど多くの支えがあったからだと気付かされる。感謝の心、共に生きることの喜び、次への歩みの勇気が湧いてくる。そのあふれる思いを大切に、新たな一歩を踏み出さねばならない。

今まで、たくさんの卒業する君に、「君の道　小さな花に　心よせ　歩み重ねて　光ひとすじ」という短歌を贈った。これからみんなの歩む道にもいろいろなことがある。そんなとき小さな花にも心を寄せるやさしさを忘れず、自分の歩みを重ねてほしい。必ず光が見える・・・。そんな想いをその短歌に込めて見送ってきた。次は私の番だ。私も卒業、次なる光を。

平凡な　時の流れに　幸せを
感じられる　なお幸せと

平凡

いつものようにあたりまえに過ぎていく毎日がどんなにありがたいことであるか、何気なく平凡に過ぎていくことがどんなに幸せなことであるか、理屈ではわかっているが、実感としてはつかめていない。夫との最期の会話は、「きょうはゴミの日やったなあ」である。なんかむなしいほどあっけない。あの日から救急車のサイレンが怖くなった。あの日のことを思い出すだけで苦しくなる。

仕事が忙しくなると『自分の時間がない』なんて思っていたこともあった。でも好きな仕事ができていたあの日々が、みんな自分の時間だった。かわいい子どもたちと一緒にいられた時間が、自分の時間だった。夜遅くまで仕事をして仲間とたわいもない会話をして、月を眺めた帰り道も。

共にいられることの幸せ、忙しいことの幸せ、平凡に過ぎていく幸せを、その時には今ほどわかっていなかったと思う。今からでは遅いこともいっぱいあるけれど、私は感じていたい。あの日々の幸せと今の幸せを感じられることが、なお幸せと。

「がんばれよ」

「子どもをたのむ」　その声に

目覚め暁　北斗の向こう

がんばれよ

夫が十二月に亡くなり、新しい年の夜明けに、「がんばれよ」という声と「子どもを頼む」という声が私には聞こえた。このときの君は、ふたりのわが子のことである。

新たな年の朝に聴く　大切な人の声　がんばれよ
　新たな年の朝に誓う　自分らしく自分として生きたいと
新たな年の朝に思う　君が君であり　君の道を歩んでほしいと
　新たな年の朝に考える　人が人であるために　何をすべきかを
新たな年の朝に語る　大切な人と　未来の君と
　新たな年の朝に挑む　ここからが勝負　もう一歩と
新たな年の朝に仰ぐ　冬の輝きと　大自然の美しさと
　新たな年の朝に願う　君の幸せと　穏やかな日々と
新たな年の朝につなぐ　やさしい心と　輝く命と
　新たな年の朝に感謝　出会えたことと　これから出会うこと

百一首

最後のページ　ペンを置き
次に進むは　真っ白なページ

最後のページ

いつの頃からか、教師生活の三つの誓いを立てた。通信を書き続けること、バレーボールとかかわり続けること、子どもの前では元気でいること。この三つの誓いを達成し教師生活を終えられたことが嬉しい。一つ目の通信は、学級通信から始まり、バレーボール通信、学年通信、学校だより、園だよりである。毎日、通信を発行し続けた三年生のクラスがあった。帰りの会でいつも通信を読んでいた。よく授業エスケープしていた君だったが、帰りの会になると戻ってきていた。きっと絵本を読んでもらうような気持ちで心地よかったのだと思う。聞き入る君の姿が、毎日書く励みとなった。

今までの通信や年賀状に短歌を書いていたので、少しずつ、まとめていけば何とかなるかと最初の一ページ。でも通信を書いたときと思いが少し違ったり、綴っている間に新たな思いが膨らんだり、何度も止まったりした。読んでもらっていて心地よいというか、ほっこりしてもらえたらとスタートしたのに、理屈っぽくなっているのではと、何度も最初のページに戻っていた。いよいよ最後のページ。今、通信の最後の一枚を綴る思いと似た感情がある。感謝の思いと終わる寂しさ・・・。今、終わるひとつのこと。

あとがき

ここまでページを開いていただき、ありがとうございました。

私は自分なりに一生懸命取り組んできたので、中学校を定年退職するときにはさぞかしい寂しい思いをするのだろうと思っていましたが、意外や意外、けっこうすがすがしい思いで終えることができました。それでも今から思うと、その三ヶ月前に夫が亡くなり、定年退職が寂しいと感じる余裕すら、涙を流す余韻すらなかったのかもしれません。

この三月末に幼稚園を退職した私に、娘から花が届きました。「教師人生、おつかれさまでした」小さなメッセージと一緒に。四月の最初は、中学校を終えたときより空虚感や寂しさの湯船に浸かっていました。そして、「はじめに」に記したような思いから、本づくりを決意しました。しかし全く初めての経験で何を書いてよいやら、どうしたら本ができるかも全くわからない状況からのスタートでした。

今までの通信を読み返したり、出版社を調べたり、本屋に行きいろいろな本を手に取ったり・・・少しずつ空虚感と寂しさの湯船が、五・七・五・七・七の湯船に変わってきました。

そして、何もわからない私に、ほんとうにあたたかなアドバイスをしてくださった出版社の皆様、ありがとうございました。心より感謝しております。

原稿を出版社に提出するまでに、中学校で同僚だった先生に校正を、イラストは幼稚園で同僚だった先生に、表紙は義姉と姪にお願いしました。今まで支えていただいたことを少しでも言葉にして伝えたい、少しでも返したいとの思いでスタートした本づくりでしたが、この場においても、大切な友だちや仲間の支えのおかげで、ここまで進むことができました。何より、一ページ一ページこのように綴ることができたのは、かけがえのない出会いがそこにあったからです。

そして、ここまで読んでいただいたあなたがいてくれたからです。

ほんとうにありがとうございました。

今終わる　ひとつのことに　深き感謝
感謝し尽くせん　ひとつの出会い

水野　靖枝（みずの　やすえ）

1976年、日本女子体育大学体育学部卒業。
滋賀県の公立中学校で教諭、草津市立少年センターでの指導主事を経て、2006年より教頭、2010年より校長。2014年に定年退職。
その後、草津市の公立幼稚園で嘱託園長。2018年に退職。
1995年・1996年　優勝監督賞　受賞（滋賀県中学校体育連盟）
2000年　「随筆・評論」特選　滋賀県教育長賞　受賞
2014年　体育功労賞　受賞（滋賀県中学校体育連盟）
2016年　功労賞　受賞（滋賀県バレーボール協会）

2014年より滋賀県中学バレーボール連盟会長
2017年より滋賀県バレーボール協会副会長

しゃぼん玉のいのち

2018年11月1日　第1刷発行

著　者　水野靖枝
発行人　大杉　剛
発行所　株式会社 風詠社
〒553-0001　大阪市福島区海老江5-2-2
大拓ビル5-7階
Tel 06（6136）8657　http://fueisha.com/
発売元　株式会社 星雲社
〒112-0005 東京都文京区水道1-3-30
Tel 03（3868）3275
装　幀　佐竹宏美
印刷・製本　シナノ印刷株式会社

ISBN978-4-434-25312-6 C0095